福建省财政厅项目"高质量发展背景下部门预算绩效管理改革研究"（项目编号：SCZ202103）

中国城市轨道交通发展中地方政府融资问题及对策研究

ZHONGGUO CHENGSHI GUIDAO JIAOTONG FAZHANZHONG
DIFANG ZHENGFU RONGZI WENTI JI DUICE YANJIU

谢　颖◎著

中国财经出版传媒集团

经济科学出版社
Economic Science Press

·北京·

图书在版编目（CIP）数据

中国城市轨道交通发展中地方政府融资问题及对策研
究／谢颖著 . -- 北京：经济科学出版社，2024.3
ISBN 978 - 7 - 5218 - 4939 - 4

Ⅰ.①中… Ⅱ.①谢… Ⅲ.①城市铁路 - 轨道交通 -
融资模式 - 研究 - 中国 Ⅳ.①F532.6

中国国家版本馆 CIP 数据核字（2023）第 134122 号

责任编辑：杜 鹏 胡真子
责任校对：郑淑艳
责任印制：邱 天

中国城市轨道交通发展中地方政府融资问题及对策研究

谢 颖◎著

经济科学出版社出版、发行 新华书店经销
社址：北京市海淀区阜成路甲 28 号 邮编：100142
编辑部电话：010 - 88191441 发行部电话：010 - 88191522
网址：www. esp. com. cn
电子邮箱：esp_bj@ 163. com
天猫网店：经济科学出版社旗舰店
网址：http://jjkxcbs. tmall. com
固安华明印业有限公司印装
710 × 1000 16 开 12.5 印张 210000 字
2024 年 3 月第 1 版 2024 年 3 月第 1 次印刷
ISBN 978 - 7 - 5218 - 4939 - 4 定价：99.00 元
（图书出现印装问题，本社负责调换。电话：010 - 88191545）
（版权所有 侵权必究 打击盗版 举报热线：010 - 88191661
QQ：2242791300 营销中心电话：010 - 88191537
电子邮箱：dbts@ esp. com. cn）

前　言

城市轨道交通作为大型的公共基础设施之一，具有运量大、能耗低、污染小、快捷、舒适等特点，是将来很长一段时期内解决大城市交通问题的一剂良药。目前，我国城市轨道交通基础设施建设已经进入高速发展阶段，中国正在成为世界上最大的轨道交通市场。

然而，我国发展轨道交通面临着资金短缺的问题。一方面，从轨道交通的技术经济特征来看，它具有技术含量高、投资大、建设周期长的特点；另一方面，从经济属性上来看，轨道交通属于典型的城市准公共产品，主要用于提高人民生活水平，具有公益性强和收益低的特点。以上属性决定了轨道交通的自身盈利能力较差，难以达到投资者理想的报酬水平，从而阻碍了私人部门进入轨道交通领域，政府主导的轨道交通供给模式长期内仍然占据主导地位。

为了满足城市基础设施，尤其是轨道交通这类资本密集型城市基础设施的建设资金需求，我国地方政府普遍采用以"土地财政"为基础的城市基础设施投融资模式。本书以土地价值捕获理论为基础，以轨道交通外部经济性为切入点，从轨道交通建设资金负担人的角度出发，根据"谁受益，谁负担"的原则，探讨土地价值捕获机制为我国城市轨道交通基础设施融资的可能性和必要性，从而为地方政提供投融资体制上的解决办法。

本书共由九章内容组成。第一章是导论，介绍了研究背景、目的和意义，以及研究思路和章节框架，并对相关概念界定进行了详细说明。第二章是文献综述，回顾与梳理了与本书研究问题相关的国内外理论成果与经验证据。第三章是理论基础，依次分析了外部性理论、城市地租理论、土地价值捕获理论和受益者成本支付理论。这四个理论分别解释了城市轨道交通开发为何进行土地价值捕获（Why）、城市轨道交通开发溢价主体内容和结构是什么（What）、如何对轨道交通建设带来的土地增值进行回收（How），以及如何识别轨道交通投资的特殊受益人，使其为从公共投资中获得的"无偿落果"埋单（Who），为城市轨道交通溢价效益进行土地价值捕获提供了理论依据。第四章至第八章为本书的核心章节。其中，第四章至第六章，以武汉市房地产交易微观数据为基础，通过建立特征价格模型，分别研究了轨道交通对周边二手房市场、新建商品房市场和土地出让市场的影响，从而估算轨道交通对沿线房地产的增值效益，并从财政学的角度探讨城市轨道交通的成本承担和利益分配状况，以及如何更好地改善政府进行城市轨道交通投融资的预算。第七章和第八章是对轨道交通开发带来的土地增值收益进行回收的相关案例研究。第七章以美国税费型土地价值捕获工具为研究对象，通过案例分析，重点介绍了美国的房产税、特别征税区、影响费和税收增额融资的内涵、特点以及使用注意事项，并结合我国的实际情况，对我国采用税费型土地价值捕获提出了政策建议。第八章介绍了不同发展阶段的国家和地区利用公共交通站点周边开发权出售来获取土地增值并资助基础设施投资的实践经验，重点介绍了中国香港"地铁＋

物业"发展模式、巴西圣保罗发展权出售模式以及中国武汉的土地定向储备模式，并在此基础上，进一步分析了我国采用土地使用权出让制度进行土地价值捕获的原因及可能改进的方向。第九章总结了本书的主要结论，并提出了研究不足和创新点。

针对研究数据更新问题，近些年，我也一直试图收集相关数据进行进一步研究，但苦于商品房楼盘销售数据具有保密性无法获得，一直没有进展。但本书基于城市地租理论，研究交通可达性对房地产价格的影响，为了保证实证结果的有效性和稳健性，模型中纳入了所有可能对小区价格产生影响的特征变量，并采用了多层特征价格模型剔除了时间影响因素。因此，即使当前房地产市场发生了变化，本书的研究结论和政策建议仍然具有一定的参考价值。

本书的完成离不开各位师长、领导与同事的帮助。在此特别感谢我的博士生导师——武汉大学经济与管理学院刘穷志教授，本书研究框架的确定、关键部分的把握是博士期间在刘老师的指导下完成的，感谢刘老师的悉心指导。书稿的整理与编写是我在集美大学工作期间完成的，本书最终得以顺利出版还要特别感谢集美大学财经学院的大力支持，以及学院领导们的关心与厚爱，他们是集美大学财经学院院长黄阳平教授、财税系系主任胡志勇教授以及科研办公室严寒主任。

最后，我还要特别感谢我的家人和朋友，他们的默默支持让我能够心无旁骛地在学术道路上继续前行！

谢　颖

2023 年 3 月

目　　录

|第一章|
导　论

改革开放以来，国民经济实现了快速增长，人们收入水平不断提高，对生活质量的要求也越来越高，引发了城市对基础设施的巨大需求。城市基础设施的质量和数量已成为衡量一个城市文明与进步的重要指标，同时也是地方政府发挥职能的重要保障。

在众多城市基础设施中，城市轨道交通正在成为基础设施建设领域的重头戏。这是因为随着城市化进程加快，绝大多数的大城市都存在道路拥挤、高峰期交通堵塞的现象。如何减轻城市出行的交通压力，成为各地方政府急需解决的难题。在城市公共交通系统中，轨道交通载客量大且高效方便，是未来有效应对我国大城市交通问题的可行方案之一。特别是针对我国人多地少、人均资源非常匮乏的情况，将轨道交通作为公共交通体系的骨干，能够保证经济社会的可持续发展以及促进人与自然的和谐共生。然而，目前而言，我国城市轨道交通的发展相对西方发达国家还存在一定的距离，相较于人民群众的需要与城市发展的需求，轨道交通建设属于城市基础设施的短板。我国政府已经意识到这一问题，国务院于2013年9月印发了《关于加强城市基础设施建设的意见》，就提出要优先加强公共交通、物流配送等与民生密切相关的城市基础设施建设，鼓励有条件的城市推进地铁、轻轨等城市轨道交通系统建设。

在党中央的政策指导下，各级地方政府积极响应，我国城市轨道交通建设开始步入高速发展阶段。根据2023年政府工作报告，过去五年，轨道交通运营里程从4 500多千米增加到近1万千米。中国正在成为世界上最大的轨道交通市场。

然而，我国城市轨道交通发展的主要障碍是建设资金紧张以及长期营运亏损。作为一个城市最大型的公共基础设施，轨道交通具有投资规模大、建设周期长、投资资金回收慢等突出特点。首先，制约我国轨道交通发展的就是项目所需的巨额投资。其次，轨道交通的建设周期长，资金成本高。最后，城市轨道交通投入运营后，由于行业的运营成本偏高，普遍出现运营亏损的现象。一方面，轨道交通事业具有明显的公益性，票价定位较低；另一方面，轨道交通经营具有规模效益特征，当轨道网络不成规模时，不会立即产生显著的经营效益。因此，很多地方政府要承受轨道交通运营二次补贴的财政负担（刘魏巍，2013）。

考虑到轨道交通的技术经济特征，对投资运营主体的实力存在较高要求。当前，从全球范围看，轨道交通的投融资模式主要分为四种，即：政府投资，政府运作；政府投资，市场运作；项目投资，特许经营；投资主体多元化，市场运作（王灏，2009）。我国目前主要采取的是第一种方式，即政府作为投资主体，筹集城市轨道交通建设资金，并由政府部门设立的国有企业负责经营和维护。该方式结构简单、操作成本低、融资速度快，但需要政府具备较高的财政实力，此外还可能存在巨大的财务风险。

为了满足城市基础设施，尤其是轨道交通这类资本密集型城市基础设施的建设资金需求，我国一些地方政府采用以"土地财政"为基础的城市基础设施投融资模式。一方面，地方政府通过经营土地获得土地出让金收入以及与土地出让相关的税费收入；另一方面，地方政府以土地抵押为融资手段，获得巨额的银行贷款。这形成了以"土地出让 + 土地抵押"为核心的融资模式。表1-1列出了2001~2015年部分年份我国轨道交通建设投资的资金来源。

表1-1　2001~2015年部分年份我国轨道交通建设投资的资金来源　　单位：%

年份	政府投资比例	贷款和其他投资来源
2001	56.8	43.2
2003	58.5	41.5

续表

年份	政府投资比例	贷款和其他投资来源
2005	61.5	38.5
2007	63.5	36.5
2009	69.7	30.3
2011	71.6	28.4
2013	70.8	29.2
2015	64.5	35.5

资料来源：中国城市轨道交通协会。

不可否认，"土地财政"是我国城镇化、工业化和市场化发展的客观结果，并在城市基础设施建设投融资中发挥了重要作用。但是，随着国家房地产调控政策的陆续出台，加上土地资源瓶颈的约束，现行的"土地财政"模式无法再长久维持，地方政府将无法继续依靠土地出让金及土地储备抵押融资收入维持地方财政支出，城市基础设施建设若过度依赖"土地财政"，将面临巨大的隐患。一方面，地方政府通过土地储备机构依靠储备土地抵押贷款进行债务融资，并以未来土地出让收益以及房地产相关税收作为偿债来源。随着地方政府正在步入偿债高峰期，地方政府的债务风险和违约风险迅速积累，债务负担不断加重。另一方面，"土地财政"还存在不可持续性的问题。随着城镇化步伐加快，可进行城市空间扩张的土地资源不断减少，考虑到土地资源无法再生的特性，能够开发的总量相对有限。而土地资源的稀缺也就意味着以土地出让为动力源泉的快速城镇化失去所需的最重要的资源与公共服务资金的支撑。因此，依靠"土地财政"的城市基础设施投融资模式无法持续（颜燕和满燕云，2015）。综上所述，长久以来我国的城市基础设施建设一直依赖于以"土地财政"为基础的投融资模式。作为一个城市最大型的基础设施之一，我国城市轨道交通建设也和"土地财政"密切相关，其建设资金主要来源于以土地出让收益为基础的财政拨款和土地抵押为基础的银行贷款。然而，我国各大城市的轨道交通建设正在经历"从无到有、从单条线到网络化"的历史转变，以"土地财政"为基础的投融资模式已经远远无法满足各大城市的宏伟建设目标（Zheng，2014）。因此，各级政府都开始从投融资体制上寻求解决方案，试图为城市轨道交通基础设施建设提供有效的管理体制和资金保障。

城市轨道交通具有明显的正外部性，这种正外部性集中体现在轨道交通对周边房地产价格的增值方面。由于轨道交通的建设与运营能够有效改善沿线区域的可达性，居民愿意为生活或工作在轨道交通站点周围而支付更高的区位溢价，由此提高了沿线物业的价值以及沿线土地的开发强度，房地产增值效益由此产生。无论在国内还是在国外，绝大多数实证研究均支持城市轨道交通对周边住房价格具有正面影响。

地方政府作为轨道交通的投资建设主体，面临着巨大的融资压力，如果能够从轨道交通带来的外部效益中获得一定比例的回报，或许能实现收支平衡。事实上，早在2003年，国务院办公厅发布的《关于加强城市快速轨道交通建设管理的通知》就明确提出"城轨交通沿线土地增值的政府收益，应主要用于轨道交通项目的建设"。

基于以上分析，国内已经普遍意识到回收公共投资带来的土地价值增值的必要性。但是，目前国内缺乏相应的土地价值捕获机制，城市轨道交通开发带来的周边房地产的增值效益，大部分被房屋所有者与房地产开发商无偿占有。虽然政府能获得一笔一次性土地出让收益，其中一部分转化为轨道交通建设投资资金，但却无法解决每年持续投入的高额的运营和维护费用。在传统的基础设施投融资模式下，筹资、偿还和受益主体相分离，制约城市轨道交通的可持续发展。因此，必须科学定量地评估轨道交通为周边房地产带来的增值效益，建立有效的土地价值捕获机制，将轨道交通的外部效益转化为内部效益，合理地分摊成本、分享效益。

第一节　研究目的与意义

本书旨在针对我国城市轨道交通大规模集中建设资金压力大且建设周期长与地方政府作为轨道交通投资建设主体融资困难且当前投融资模式不具可持续性之间的矛盾。从土地价值捕获的角度出发，通过分析轨道交通和房地产价值的关系，探讨土地价值捕获机制为我国城市轨道交通基础设施融资的可能性和必要性，从而为地方政府提供投融资体制上的解决办法。

在理论上，本书希望通过研究城市轨道交通的经济特征，探索轨道交通开发利益的形成、转移和归属机制，进一步建立轨道交通开发利益的度量模型和回收策略。在实践上，通过分别探讨轨道交通对土地市场、新建商品房市场和二手房市场的影响，计算城市轨道交通沿线的开发利益以及利益分配状况，进而为轨道交通开发带来的土地价值增值回收提供客观的科学依据。此外，本书拟结合国内外土地价值捕获的实践经验，探讨适合我国的土地价值捕获机制，为相关部门制定土地价值捕获政策提供参考。

基于土地价值捕获的城市轨道交通基础设施投融资体制的研究不仅是一个理论问题，也是一个现实问题，不仅是轨道交通项目本身的问题，而且还关系到我国经济社会的全面发展、地方财政模式的可持续性以及人民生活水平的提高。因此，对该问题的研究具有重大的理论和现实意义。

1. 为轨道交通开发利益回收提供客观的科学依据和参考案例

轨道交通为沿线的房地产开发商和所有者带来了巨大的外部效益，但在传统的轨道交通投融资体制下，轨道交通项目的投资者（通常是政府机构）却无法将这部分外部效益收回。虽然相关的研究者和政府已经认识到对轨道交通开发带来的土地价值增值进行回收的必要性，但国内针对轨道交通开发利益回收的理论研究和实践还比较缺乏，目前已有的研究多停留在概念和定性阶段，少量的定量研究也仅停留在分析轨道交通的影响性质、影响强度和影响范围上，对轨道交通开发利益回收机制尚缺乏实际可操作建议。本书不仅对多数学者所关注的轨道交通影响范围以及大小进行了分析，还在此基础上详细地介绍和梳理了国内外与轨道交通开发相关的土地价值捕获经验，这在以往的研究中很少或尚未涉及。本书不仅通过实证分析计算出城市轨道交通沿线的增值效益，还通过透彻的案例分析给出了令人信服并可借鉴的土地价值捕获的国际范例，并将两者相结合，进而深化我们对轨道交通开发利益回收机制的认识和理解。

2. 全新视角下为政府提供轨道交通投融资体制上的解决方法

作为城市基础设施，城市轨道交通存在投资不足以及融资困难的问题。

面对这些问题，我国学者主要研究轨道交通市场化供给的可能性，研究范围多停留在"项目融资"的层面，研究内容主要集中在项目的经济合理性分析以及引入民间资本这两个方面。本书从政府的角度出发，将研究范围拓展到"土地价值捕获"的层面，主张充分发挥政府的调控作用，将轨道交通开发带来的土地价值增值，通过税、费或其他财政手段转化为公共财政收入，反哺于轨道交通建设和运营，通过提高轨道交通项目的投资回报率，吸引民间资本进入。在这一新的视角下全面系统地研究轨道交通外部效益的回收机制，为政府提供了轨道交通建设投融资体制上的解决方法。

3. 为地方政府财政转型提供了理论依据

在传统的基础设施投融资体制下，地方政府发挥着主导作用，"土地财政"成为基础设施建设的主要资金来源，轨道交通作为一个城市最大型的资本密集型基础设施也与"土地财政"密不可分。然而，我国一些地方政府过分依赖于"土地财政"的基础设施投融资模式无疑是不健康且不可持续的。基于此，推行基于"土地价值捕获"的城市基础设施投融资模式具有重大的现实意义。本书以城市轨道交通为例，通过实证研究和案例研究系统地论述了我国采用税费型土地价值捕获与开发型土地价值捕获的必要性和实现机制，为改革现有税费体系、促进轨道交通与周围房地产联合开发、补充地方财政收入来源、转变以"土地财政"为基础的城市基础设施投融资模式提供了理论依据。

4. 为政府制定相关政策提供参考

本书在实证分析部分研究了轨道交通对周边二手房的溢价效应，具体计算了影响范围和影响强度，这部分溢价被房地产所有者所享有，实证结果可以为政府制定相关的税收政策提供参考依据。本书还讨论了轨道交通对新建住房和土地的溢价效应，这部分溢价分别被房地产开发商和政府所享有，通过比较两者的利益分配状况，为政府客观科学地评估土地的价值、评估轨道交通项目的外部效益、完善土地出让策略提供了参考。在案例分析部分，通过对发达国家以及发展中国家土地价值捕获成功经验的分析，整合各种土地价值捕获的成功模式，为轨道交通投资者拓宽轨道交通融资渠道、扩大融资范围、革新轨道交通的投融资模式提供了直接参考。

第二节　研究思路与篇章结构

本书研究整体思路如下：首先，在规范研究中，通过外部性理论和城市地租理论解释了什么是轨道交通开发利益以及为什么要进行轨道交通开发利益回收，并根据土地价值捕获理论和受益者成本支付理论识别出轨道交通开发的利益相关者。其次，本书实证研究的基本逻辑可以分为两层：第一，公共交通服务的改善（以轨道交通建设为例）是否能资本化到房地产价值中去，从而造成土地价值上升和房价上涨；第二，地方政府采用"土地出让"的方式能够在多大程度上"捕获"轨道交通开发带来的土地价值增值。最后，在规范研究和实证研究的基础上，通过案例研究，介绍并梳理了开发型土地价值捕获和税收型土地价值捕获的国际案例，为政府制定符合我国国情的土地价值捕获政策提供了直接参考。

本书的研究内容分为五个部分，共九个章节。

第一部分是导论，包括第一章。本部分主要就研究背景、研究目的、研究意义以及研究思路和研究内容进行了阐述。此外，还对相关概念界定进行了详细说明。

第二部分建立了本书的理论框架，包括第二章和第三章。第二章文献综述回顾与梳理了与本书研究问题相关的国内外理论成果与经验证据，主要从三个方面进行文献研究：一是城市基础设施投融资模式的研究；二是基于土地价值捕获的城市基础设施投融资研究；三是城市轨道交通对沿线房地产增值效益的衡量和回收。第三章为理论基础部分，依次分析了外部性理论、城市地租理论、土地价值捕获理论和受益者成本支付理论。这四个理论分别解释了城市轨道交通开发为何进行土地价值捕获（Why）、城市轨道交通开发溢价主体内容和结构是什么（What）、如何对轨道交通建设带来的土地增值进行回收（How）、如何识别轨道交通投资的特殊受益人，使其为从公共投资中获得的"无偿落果"买单（Who）。

第三部分包括第四章至第六章。本部分以武汉市房地产交易微观数据为基础，通过建立特征价格模型，分别研究了轨道交通对周边二手房市场、新建商品房市场和土地出让市场的影响，从而估算轨道交通对沿线房地产的增值效益，并从财政学的角度探讨城市轨道交通的成本承担和利益分配状况，以及如何更好地改善政府进行城市轨道交通投融资的预算。

第四部分为对轨道交通开发带来的土地增值收益进行回收的相关案例研究，包括第七章和第八章。第七章以美国税费型土地价值捕获工具为研究对象，通过案例分析，重点介绍了美国的房产税、特别征税区、影响费和税收增额融资的内涵、特点以及使用注意事项。结合我国的实际情况，对我国采用税费型土地价值捕获提出了政策建议。第八章介绍了不同发展阶段的国家和地区利用公共交通站点周边开发权出售来获取土地增值并资助基础设施投资的实践经验，重点介绍了中国香港"地铁＋物业"发展模式、巴西圣保罗发展权出售模式和中国武汉的土地定向储备模式，并在此基础上进一步分析了我国采用土地使用权出让制度进行土地价值捕获的原因及可能改进方向。

第五部分是研究结论，包括第九章。本部分总结了本书的主要结论，并提出了本书的研究不足和创新点。

第三节　相关概念界定

一、城市基础设施

城市基础设施是为保证城市经济活动和社会活动能够顺利进行而建造的各种设备的总称，是城市生产单位达到经济效益、社会效益和环境效益的必要条件。城市基础设施在社会体系中，既存在独立性，又具有联系性。从独立性的角度来说，城市基础设施是一个相对比较完整的系统，它确保了城市活动的持续性。从联系性来说，每个城市基础设施又不能孤立存在，它必须与外界具有能源的交换、信息的传递、物资的出入、人员的往来等联系。这些都将依托于区域性和全国性基础设施，而城市基础设施属于其重要的节点和终端。

城市基础设施通常被划分为经济性基础设施和社会性基础设施两类。经济性基础设施通常包括能源供给系统、给排水系统、道路交通系统、通信系统、环境卫生系统以及城市防灾系统六大系统，轨道交通即属于道路交通系统。社会性基础设施则指城市行政管理、文化教育、医疗卫生、基础性商业服务、教育科研、社会福利及住房保障等（杨保民，2013）。

城市轨道交通属于经济性基础设施，与其他几类经济类城市基础设施相比具有其独有的特征，而这些特征决定着城市轨道交通的发展和投融资模型。

城市轨道交通与能源类、水资源类、防灾类基础设施一样都属于自然垄断型生产特征，沉淀成本巨大。其区别在于能源类、水资源类基础设施不具有外部性特征。只有防灾类与城市轨道交通同样具有外部性。然而考虑到消费特征，防灾类城市基础设施并不具备收费渠道，且其外部效益的量化以及回收都非常困难，缺乏市场化的条件。相对而言，城市轨道交通拥有一整套收费机制，其外部效益的影响范围主要在轨道交通沿线设施周边，具有计量的可能性，且通过一定的手段能够满足市场化条件。因此，城市轨道交通是具有自然垄断性、公益性且具有计量回收外部效益可能性的城市准公共产品。以上特征是其他城市基础设施所不具备的，这就决定了城市轨道交通不同于其他城市基础设施的发展与投融资模式。

二、城市轨道交通

城市轨道交通系统是指在城市中沿特定轨道运行的快速、大运量公共交通工具，包括地铁、轻轨、市郊通勤铁路等多种类型。本书中"城市轨道交通"特别与"城际铁路"相区别，主要体现在以下几个方面。

在属性方面，城市轨道交通属于城市基础设施，在本质上相当于城市公交线路，建设资金多来源于地方政府和企业；而城际铁路是具有国铁性质的铁路线路，采用国家标准施工建设，并由国家及其管辖的地方铁路局来管理经营。

在功能方面，城市轨道交通主要以市内短距离运输为主，承担城市内部客流；而城际铁路是指专门服务于相邻城市或城市群内部之间的旅客运输专线铁路，以中长距离运输为主。

在用途方面，城市轨道交通用来运载市内通勤乘客，旨在解决城市交通拥堵问题；城际铁路既可以为客运服务，也具备货运的用途。

综上所述，本书中的城市轨道交通是指城市内部专为短距离运输服务的客运系统，不包括城际间的轨道交通。

三、房地产

对于房地产的概念，应该从两个方面来理解：一方面，房地产属于客观存在的物质形态，它指的是房产与地产的总称。另一方面，房地产也是一项法律权利，指的是房地产实体中的各种经济利益以及由此而形成的各项权利。特别值得注意的是，在国际上，物业、房地产和不动产表达的是同一个概念，但在我国特定的环境下，房地产和物业并不相同。房地产是指形成于生产、流通和消费的整个过程中的房地产产品，而物业则是指进入消费领域的房地产产品。本书涉及房地产的三种形态，即土地、建筑物、房地合一。因此，本书所指的房地产和物业并不是一个概念范围，前者要比后者的概念范围广。

房地产市场是指从事土地或房产出售、租赁、买卖等交易活动的场所。根据不同的需求，可以从不同的角度划分房地产市场。

按照功能用途分，房地产市场包括作为居民个人消费资料的住宅房地产，也包括作为生产资料的非住宅房地产。由于数据的可得性，本书以住宅房地产为主要研究对象。

按照流转次数分，房地产市场可分为一级市场（土地使用权出让市场）、二级市场（新建商品房市场）和三级市场（二手房交易市场）。由于本书主要关注轨道交通对周边房地产价值的影响，其研究对象既包括地产也包括房产，既包括新建商品房也包括二手房。因此，本书的研究涵盖了房地产的一级市场、二级市场和三级市场。

四、土地价值捕获

土地价值捕获的英文来源是"Land Value Capture",其英文译法多种多样,用得较多的是"土地价值捕获""土地溢价回收""土地利益还原""土地增值收益分配"等。不同学者对"Land Value Capture"概念的表述也不尽相同。其中,张俊(2008)在《美国土地价值捕获制度及其借鉴》一文中将"土地价值捕获"定义为"将归因于社会贡献的土地价值增值全部或部分被社会回收的过程,可凭借税、费或其他财政手段将其转化为公共财政收入,或者直接让开发商把来源于土地增值的资金投入到一些公共利益的支出中"。这个含义表述与本书中所指的"土地价值捕获"的内涵最为接近。土地价值捕获的思想可以追溯至1821年里卡多(Ricardo)提出的新古典经济观点,即因公共投资或市场条件产生的不劳而获的增值理应回归社会。1996年,联合国人类居住第二次会议提出,土地价值捕获应成为制定公共税收政策的基础依据之一。

对"Land Value Capture"的各种翻译实质上就是对"Land""Value""Capture"这三个单词的组合理解。就"Land"而言,城市基础设施的改善所带来的其实是土地价值的增值。然而,一方面,由于土地与地上建筑物在物理上是不可分割的;另一方面,在我国土地公有制的背景下,只能出让土地使用权而不能出让土地所有权。为了保存建筑物的完整和经济价值,土地使用权转让时其地上建筑物所有权也随之转让,因此,土地价值和建筑物价值密不可分,土地升值将带来地上建筑物的升值,地上建筑物的价值直接反映了土地的价值。为此,本书中"Land"是指土地及地上建筑物。就"Value"而言,本书将其翻译为"价值"。虽然在大部分情况下,轨道交通开发带来特定地块不动产的增值,但也不能排除导致房地产贬值的可能性。因此,本书选择了一个更加中性的词汇,而不是将其翻译为"增值""涨价""溢价"等带有价值取向的词汇。另外,本书中的"价值"特指轨道交通引起的周边房地产价值的变化,需要排除政治因素、经济因素和其他环境因素引起的价值变动。就"Capture"而言,"捕获"可以更加形象地刻画投资者在投入公共建设项目后，通过某种手段或政策工具获得部分投资回报的过程。

综上所述，本书采用了"土地价值捕获"的中文译法，其含义就是按照受益者负担原则，将公共投资增加所带来的房地产价值增值的一部分返还给公共部门。其贯彻"谁投资，谁受益"的原则，分享公共投资带来的收益；按照"谁受益，谁负担"的原则，分担公共设施建设成本；按照获得利益的性质、程度及负担者能力，决定具体的负担数额，力求社会公平。

第二章

文献综述

本书列出国内外既有相关文献形成的一个完整的逻辑体系，主要内容可以分为三类：第一类是城市基础设施投融资模式的演进与革新；第二类是基于土地价值捕获的城市基础设施投融资研究；第三类是城市轨道交通对沿线房地产增值效益的衡量和回收。每一类研究又包含新一层次的研究内容。

第一节　城市基础设施投融资模式的演进和革新

一、政府在城市基础设施投融资中的主导作用

在研究政府在城市基础设施投融资中的定位问题时，国内外大部分学者从公共物品分区理论出发，认为政府投资应明确定位于非经营性的基础设施和部分准经营性的基础设施。例如，崔国清等（2009）提出，对于公共物品性质的基础设施，主要还是依靠政府主导，以财政性资金投资为主，辅以引入政策性贷款，形成了以政府主导、间接融资为主的投融资模式。李华一（2004）基于项目区分视角，认为城市基础设施的融资可以区分为可经营性项目和不可经营性项目。政府作为投资主体应明确定位于不可经营性项目，为政府投资基础设施提供有力的理论依据。张军等（2007）指出，地方政府在基础设施的投资中扮演着重要角色，可以说，地方政府的正确激励，对中

国获得良好的基础设施水平起到关键作用。政府在城市基础设施供给中占据主导地位，其优势可以归纳为：（1）政府提供公共基础设施，可以降低信息成本、提高政府效率；（2）政府在进行投资决策时，以社会福利最大化为目标，既要考虑到成本收益，也要兼顾社会公平；（3）政府作为单一供给主体，可以有效缓解市场失灵的问题。

二、土地财政在城市基础设施建设中的作用

改革开放以来，我国城市基础设施建设和土地财政紧密联系在一起，不可否认，我国城市基础设施的快速发展，很大程度上得益于"土地财政"。国内学者围绕"土地财政"和城市基础设施的关系做了广泛的研究。例如，汤玉刚等（2012）通过详细分析显性和隐性"土地财政"与城市基础设施投资之间的逻辑关系，解释了我国城市基础设施超常发展的内在机制。张向强等（2014）论证了土地财政与城市基础设施的关系，是建立在以土地开发为纽带，低价工业化和高价城市化"同生共哺"式的双轮机制上。郑思齐等（2014）研究发现，在以"土地出让＋土地抵押"为核心的城市基础设施投融资模式下，土地价格的上涨能够放松地方政府所面临的预算约束，从而带动城市基础设施投资规模的扩大。颜燕等（2015）指出，城市基础设施建设投融资经历了"从预算内财政向预算外土地"的转变，土地财政成为城市基础设施建设的主要资金来源。

然而，在肯定"土地财政"对我国城市基础设施建设起到积极作用的同时，国内许多学者对城市基础设施建设过度依赖"土地财政"的局面也表示了担忧，并对这种模式引发的问题进行深入分析。例如，王玉波等（2013）指出，受宏观调控政策的影响及土地资源瓶颈的约束，"土地财政"模式不具有可持续性。汤玉刚等（2016）从"土地财政"对地方政府公共支出结构影响的角度，指出这一模式对地方公共品的提供产生了结构性的扭曲，导致"重基础建设，轻公共服务"的政府支出偏向。

在经济发展水平日渐提高、公共基础设施投资日益庞大的情况下，更多学者开始意识到以政府为主导、以"土地财政"为基础的传统基础设施建设

模式已经远远无法满足经济社会发展的实际需求。纪玉哲（2013）提出了政府作为基础设施投融资主体面临投资管理效率低下以及投资规模过大的问题，从而导致社会资源配置畸形。丁兆君（2014）指出，政府会优先发展对地方经济具有明显拉动效应的公共基础设施，从而减少对基础教育、医疗等公共服务的投入；单纯依靠"土地财政"难以维持公共基础设施的建设和运营，地方政府将面临巨大的债务风险。

三、城市基础设施投融资模式改革的研究

（一）城市基础设施公私合作方面的研究

20世纪90年代后期，公私合作模式（public-private-partnerships，PPP）开始在欧洲流行起来，并在基础设施领域扮演着重要的角色。PPP模式在我国一直处于探索阶段，国内学者对城市基础设施投融资采用PPP模式的研究，从探讨引入民间资本的可能性和必要性着手。例如，孙洁（2007）从管理的角度系统地研究了公私合作管理模式在基础设施投融资中的应用，并论证了公私合作管理模式的必然性和可行性。屈哲（2012）提出，公私合作制是提高政府管理效率和解决财政资金紧缺的有效方式。但当前由于配套改革措施相对滞后，社会资本进入基础设施领域仍然存在诸多障碍，如果不采取有效措施加以遏制，基础设施建设会日益成为地方财政的巨大负担，进一步强调了为引入民间资本铺平道路的必要性。

更多学者从引入民间资本的实现路径角度进行研究。例如，王晓腾（2015）提出，在基础设施供给领域，政府部门和私人部门之间普遍存在着目标不一致的问题，识别政府和私人部门在基础设施建设中各自的利益是改进政府公共服务的重要举措。徐飞等（2010）从PPP基础设施项目的激励视角出发，研究了企业努力水平、政府监督和预期收益之间的关系，从而提出PPP项目建设中的激励方向和有效激励合同。

（二）对城市基础设施投融资体制改革的研究

改革开放以来，国家对原有的基础设施投融资体制进行了一系列改革，

冲破了计划经济体制下高度集中投融资管理模式的禁锢，初步实现了投融资主体多元化，项目建设市场化的新格局。但由于计划经济根深蒂固，我国的基础设施投融资体制仍然存在不少问题。针对基础设施投融资体制中存在的问题，近些年来，国家积极推进在基础设施领域应用 PPP 模式。自 2015 年国家发展改革委联合其他部门陆续发布《关于推进开发性金融支持政府和社会资本合作有关工作的通知》《基础设施和公共事业特许经营管理办法》《关于进一步做好政府和社会资本合作项目推介工作的通知》。2016 年 8 月，国家发展改革委发布《国家发展改革委关于切实做好传统基础设施领域政府和社会资本合作有关工作的通知》，着力推进在基础设施领域开展 PPP。

我国学者针对基础设施投融资体制改革进行了广泛的研究。例如，谢玲（2005）指出，在现行的基础设施投融资体制下，政府作为投融资主体垄断了绝大部分基础设施的投资和经营，市场机制无法发挥作用，从而导致投资渠道狭窄、投资效率低下等。因此，改革现有的基础设施投融资体制，在基础设施领域引入市场机制，使得基础设施建设跟上市场步伐成为当前一项紧迫任务。石亚东等（2010）在对我国城市基础设施投融资体制改革中存在的难点问题进行分析的基础上，提出了改革我国城市基础设施投融资体制的对策思路。

然而，值得注意的是，根据项目区分理论，城市基础设施可分为经营性基础设施、准经营性基础设施和非经营性基础设施。经营性基础设施和准经营性基础设施盈利性好才够吸引民间资本进入。城市轨道交通虽然属于准经营性基础设施，但由于它具有公益性强和收益低的特点，自身盈利能力较差，从而阻碍了民间资本进入该领域。"土地价值捕获"是基础设施效益分配的概念，旨在提高投资回报率。通过"土地价值捕获"手段来补贴基础设施项目的亏损，可使民间资本预估到理想的报酬水平，这样"项目融资"才能顺利进行。

第二节　基于土地价值捕获的城市基础设施投融资研究

事实上，依托土地增值为城市基础设施建设融资并不存在问题，关键是如何建立多元化、可持续发展的城市基础设施投融资模式。

理论上，土地价值受以下几个因素的影响：一是公共基础设施投资和社会服务；二是土地性质的改变；三是人口增长和经济发展；四是私人投资带来的土地增值；五是土地的原始生产力（Hong and Brubaker，2010）。由此可以看出，土地价值增值是公共部门和私人部门共同投资的结果。通过对以上因素的分析，根据"谁投资，谁受益"原则，前三类的土地价值增值应该由代表公众的政府及提供公共服务的部门所捕获，用于补偿公共基础设施的建设成本或提供公共服务的费用，这一过程就是土地价值捕获。铃木博明等（2016）根据回收机制，将土地价值捕获分为税费型土地价值捕获和开发型土地价值捕获。

一、税费型土地价值捕获机制的研究综述

（一）税费型土地价值捕获机制的国际应用实例

从国际经验来看，绝大多数发达国家都使用土地税或房产税作为土地价值捕获工具，绝大多数此类税收以土地价值或土地及地上建筑物价值为税基。尽管大部分发达国家都实行房产税，但房产税在市政预算中的比例却大不同。一些国家地方政府过度依赖房产税资助公共开支，16% ~25% 的地方收益都来自房产税。而在一些欧洲大陆国家，营业税或增值税却更为重要。

然而，面对基础设施资金紧缺的情况，在已有的房产税基础上增加税收负担往往会遭到公众的反对。因此，许多发达国家从使用者付费的角度出台了相应的政策。美国制定了包括特别评估区（special assessment district，SAD）、税收增额融资（tax incremental financing，TIF）和影响费（impact fee，IF）等在内比较完善的制度；法国在1971年就开始针对轨道交通沿线居民和企业征收固定资产税；日本也在积极研究推广此种收费模式。采用直接受益税（费）的形式进行土地价值捕获，不仅为城市基础设施提供了稳定持久的资金来源，而且有利于政府公共投资产生更公平的结果。

发展中国家的房地产税尚未成熟，斯莫克（Smoke，2008）指出，部分原因是建立用于税收评估和执行的计算机系统和培训体系需要良好的土地清

册体系和大量的资金投入。更重要的是，一些国家的房产税概念尚不清晰，给征收房产税带来巨大挑战（Hong，2013）。

我国在应用财税工具进行土地价值捕获方面目前基本处于空白状态，其根本原因是我国尚未建立起对房地产保有环节课税的房地产税制度。针对房产税征收困难，瓦斯奎兹（Vasquez，2007）提出三点原因：（1）这些税收产生于持有房产的潜在收入，如果房产没有出售，潜在的收入不会转变为流动资金；（2）房产税的税基是房屋当前的价值，但对于房屋当前的价值（如果没有出售），没有一个公认的市场价值；（3）对于纳税者而言，比起消费税和所得税，缴纳土地税或房产税更加直接触碰到自己的利益，因此，更容易遭到反对。石子印（2013）提出，由于公众普遍对房产税非常厌恶，导致改税征税难度大。规避这种风险的唯一举措就是将房产税打造为直接受益税，通过提升公共服务质量，提高居民对房产税的税收遵从度。李艳飞等（2016）以直接受益税理论为基础，借鉴美国特别受益税的实施办法，从计税依据、税率、纳税人三个方面对我国城市轨道交通征收特别受益税的可行性进行了研究。2017 年 12 月，时任财政部部长肖捷在《人民日报》发表《加快建立现代财政制度》一文，提出要"推进房地产税立法和实施"，进一步地为采用征税的方式，以公共财政进行轨道交通成本补偿提供了方向和可能性。

（二）税费型土地价值捕获机制的理论研究

最早涉及税费型土地价值捕获的文献是泰伯特（Tibout）于 1956 年提出的"用脚投票"理论，该理论提出，财产税实质上是住户根据自身需求用来"购买"公共服务的使用费。随后，布鲁斯·汉密尔顿（Bruce Hamilton）于 1975 年提出城市土地利用分区，完善了泰伯特模型。他最重要的结论是：在同一社区内，不仅房屋价值趋同，人们对公共服务的需求也趋同，因此，财产税实际上与公共服务的成本有关。"用脚投票"和土地利用分区形成了受益论的主体框架。谢菲尔（Sheffiel）进一步拓展泰伯特模型，提出了"拥有房屋的投票者"这一概念，他认为财产税是否属于受益税取决于地方政府是否坚持为自己的发展付费。新古典经济学的创始人马歇尔（Marshall）也认为，集聚效应以及公共基础设施的改善，带来了土地区位价值的提升。为了体现公平原则，政府应从中捕获一部分增值归社会所有。以上经济学家均认为，纳税人通过支付房产税得到公共服务提升的好处，从这个角度看，房产税实质是为提供公共服务付费，属于一种受益税。

国内许多学者也从各方面论证了城市基础设施投资能够显著资本化到房地产价格中。梁若冰等（2008）运用 Tiebout 模型研究了地方政府供给公共品对居住地选择的影响，以我国 35 个大中型城市房价和地方公共品为对象，实证研究并发现了地方公共品服务与房地产价格显著正相关，进而发现了我国地方公共品供给存在资本化现象。王全良（2015）论证了城市基础设施与房地产价格之间的正相关关系。面对我国城市基础设施资金缺口巨大和城市基础设施对房地产价格的溢价效应明显的现实，许多学者从公共财政的视角，建议为城市基础设施的投融资建立强有力的制度保障和财税工具支持。樊慧霞（2010）提出，房地产税本身具有土地价值捕获功能，对地方政府组织财政收入、提高地方政府公共财政效率以及推进地方政府转变职能等具有一定激励效应，开征房地产税有利于地方公共财政的建设与可持续发展。王轶军等（2007）从城市公共服务资本化对地方政府财政激励效应角度进行研究，发现房地产开发企业并没有以地价的形式将居民对公共服务偏好的信息传递给政府，房地产企业成为实际受益者。他建议征收以房地产价值为税基的物业税，让居民和政府之间建立直接联系，使得城市公共服务融资更为合理。汤玉刚等（2015）通过对 35 个大中城市的实证分析，研究公共服务资本化的时序特征。结果表明，地方政府提供的公共服务很难在土地出让之际资本化到地价中去，而地方公共服务能够资本化到房价中去，意味着政府应该通过税收等手段参与资产增值分配。

二、开发型土地价值捕获机制的研究综述

（一）开发型土地价值捕获机制的国际应用实例

开发型土地价值捕获是指政府通过对城市土地增值的使用、分配进行精心设计，回收未来土地价值上涨的部分以补贴公共基础设施投资。具体以土

地开发为基础进行土地价值捕获的方式主要有以下四种：开发权出售、联合开发、发展权出售、土地再规划。

（1）开发权出售。通过开发权出售，政府可以将公共土地出售给开发商，来捕获公共基础设施投资或管理变化所带来的土地价值增值。通过这种方式，政府可以直接获取土地开发前后差价，短时间内马上取得一笔财政收入，且行政成本较低。但该模式伴随着多种社会经济问题，且不可持续。

（2）联合开发。该方式是指公有部门提供土地，私有部门提供基础设施。这种回收方式的特点是公私主体间风险分担，利益共享，具有可持续性。但这种模式交易成本高，且私人部门要有显著收益才能成功，其典型代表是中国香港。中国香港通过"轨道＋土地"模式使地铁公司盈利，这在国际上实属罕见。

（3）发展权出售。土地通常会受到土地使用管理的约束，如建筑高度和容积率等，发展权就是指这些法定限制之外的开发权。政府可以通过出售发展权，放松土地用途控制，进而提高土地价值，为政府获取经济利益。最著名的发展权出售案例是巴西圣保罗采用额外建设潜力证书（CEPACs）作为土地价值捕获工具为当地基础设施融资。

（4）土地再规划。该方式是指政府将私人土地收集到一起，提供公共基础设施，然后再进行重新配置，将一部分土地按比例分发给原来的土地所有者，将另一部分土地出售给私人开发商，从而筹集资金，覆盖再开发成本的一部分，捕获项目所创造的收益。土地再规划起源于德国，后来在东亚广泛使用，日本、韩国等都曾采取土地再规划。

（二）我国开发型土地价值捕获机制的相关研究

目前我国主要通过出售土地开发权为城市基础设施融资。正如前面所述，我国学者在肯定了土地财政在基础设施建设中的作用的同时，对过度依赖这一融资工具表示担忧。国外学者在这个问题的研究上，也给出了类似的结论。里特迈（Rithmire，2013）肯定了中国政府允许地方政府通过出售土地开发权来筹集资金、自付开支的政策初衷。然而，有些地方政府有时对土地出让金收益不加节制地使用，往往脱离了这一政策初衷。彼得森（Peterson，2009）研究发现，过去15～20年，土地出让金收入已经成为中国富裕沿海城市基础设施建设的主要资金来源，但是，这一收益已经趋于枯竭，需要寻找其他途径。

面对当前我国城市基础设施建设中地方政府融资问题，国内相关学者和政府正在积极探索多元化、可持续的融资方式，结合我国的实际情况，土地储备模式受到了越来越多的关注。有的学者分析了土地储备模式为城市基础设施融资的优势。例如，黄海英（2012）提出，地方政府通过土地储备垄断一级土地市场，对城市土地利用进行总体规划，起到抑制投机和平稳地价的作用，从而有利于城市合理化发展。利用土地储备获得的收益为城市基础设施提供建设资金，能够有效缓解地方政府的资金短缺问题，降低金融风险，促进城市可持续发展。梁若希（2012）认为，城市基础设施与土地储备结合，有利于提高土地开发速度，减轻政府财政压力，形成可持续发展的模式。

有学者深入探讨了如何利用土地储备模式实现土地价值捕获，为城市基础设施融资。赖慧芳等（2008）详细介绍了广州市对轨道交通周边地块土地储备规划的成功经验，为其他省份城市基础设施利用土地储备联合开发机制提供借鉴。李艳飞等（2013）在借鉴香港地区地铁的联合开发模式时指出，内地虽然没有赋予地铁公司土地一级开发权和上盖物业开发权，但土地收入仍然可观，这主要得益于轨道交通沿线土地储备政策的改革探索。例如，在北京，政府向地铁公司支付管理费用，委托地铁公司对部分沿线土地进行开发；在上海，政府通过土地储备，在城轨建设中获得了土地溢价，从而有积极性对城轨建设进行投资。

第三节　城市轨道交通对沿线房地产
 增值效益的衡量和回收

近年来，国内外关于轨道交通对沿线房地产增值效益的研究日益增多，城市轨道交通对房地产增值效益的衡量和回收将成为公共经济学的重要课题。纵观已有的研究成果，大多数学者针对轨道交通对沿线房地产价值的影响展开了深入研究，但对如何对这部分价值增值进行回收的相关研究还比较少。主要研究成果如下。

一、城市轨道交通开发对沿线房地产增值效益的研究

（一）城市轨道交通对沿线房地产价格影响的研究方法汇总

轨道交通溢价效应的实证研究方法林林总总，但总的来说，以下三种最为常用。

第一，交通成本模型（travel cost model，TCM）将房地产价格看成轨道交通站点与城市市中心的交通成本函数，从而定量地分析轨道交通对房地产价格的影响。该方法具有理论依据清晰、函数关系简单、参数估计方便等优点。但当样本量不足时，使用该方法不能剔除其他影响土地价格的因素，结果可能存在较大误差。叶霞飞等（2002）通过构建交通成本模型，研究了1991~2000年上海轨道交通1号线莘庄站到漕宝路站2千米内外的多层住宅房地产情况，从而测算出轨道交通引起的开发利益。衣方磊（2011）利用交通成本模型，研究了香港轨道交通对周边房地产价格的影响，然后将该模型变换后运用到别的城市，进而预测该城市轨道交通开通后对周边房地产价格的增值效应。

第二，双重差分（difference in difference，DID）法的主要思路是地铁开通使得地铁站点影响范围内的房地产受到了影响，而范围外的房地产则可能没有受到任何影响，或者受到较小影响。因此，可以通过对比两组房地产价格变化幅度来测度溢价效应。DID方法能较准确地分析轨道交通的影响，但该方法对样本数量和质量的要求较高。马利等（Mulley et al.，2017）研究澳大利亚悉尼快速公交系统（bus rapid transit，BRT）对周边住宅价格影响时，就采用DID分析方法，以BRT车站周边400米为界，划定"实验组"和"对照组"，探讨了BRT对房地产的溢价效应和溢价发生的时间。高兴宇等（2015）也采用了DID模型研究了美国圣保罗市新建轻轨对周边房地产的溢价效应。

第三，特征价格模型（hedonic price model，HPM）由罗森（Rosen）于1974 年提出，该模型用于处理异质产品价格与这些产品所具有的属性之间的关系，在房地产领域得到了广泛的应用该模型方法认为，住宅由众多不同的属性组成，价格由所有属性带给人们的效用决定。交通可达性构成了房地产的外部环境特征，能够影响消费者的效用水平。因此，采用特征价格模型来验证交通可达性影响房地产价格的假说具有可行性。本书所述的实证研究方法，多以特征价格模型为基础。

（二）城市轨道交通对沿线住宅房地产价格影响的研究结论汇总

纵观轨道交通对沿线住宅房地产价格影响的经验文献，国内外学者主要从两个方面进行研究：一是影响显著性；二是影响大小和范围。关于第一类研究，已有的结论中正向影响、负向影响以及无显著影响均有经验案例。尽管多数国外经验研究（Cervero，2004；Kahn，2007；Immergluck，2009；Geotz，2010；Mi Diao，2014）和国内经验研究（王霞，2004；郑捷奋等，2005；刘贵文等，2007；谷一桢等，2010；王福良等，2014；王宇宁，2015；徐涛等，2016）均支持城市轨道交通与沿线房地产价格显著正相关。然而，研究结论并不总是一致：查特曼（Chatman，2011）、邓肯（Duncan，2011）、杜贝（Dube，2013）的研究均表明城市轨道交通的溢价效应并不显著。在影响大小和范围方面，已有的经验证据中，影响范围差异巨大。这些结论有差异的原因有很多，其中一个重要原因就是所在城市的内外部环境，包括经济发展水平、城市化阶段、人口结构、制度背景等因素。不过总体来看，相比北美和欧洲，亚洲城市的轨道交通系统对周边土地价值影响更大。原因可能有以下两点：首先，北美洲和欧洲的汽车拥有比率要远远高于亚洲，因此对于轨道交通，欧美乘车者是选择型乘车者，他们不是被动乘坐。其次，许多亚洲的城市正处于高速发展期，而欧美城市相较之下发展比较缓慢。所以，可以预期，在亚洲城市，轨道交通对周边土地价值影响更大、更加明确。因此，在快速城市化背景下，研究中国城市轨道交通的溢价效应，既增加了学术界对该问题的认识和理解，也具有重大的现实意义。

二、城市轨道交通开发溢价回收机制的研究

城市轨道交通设施为特定区位的房地产业主或开发商带来了好处，具体表现在更高的物业价格或者更好的开发机会。单纯以交通使用者为对象来定义的"使用者"付费，往往忽略了其他受益对象（如物业所有人和开发商），使他们得以免费享用"落果"。城市轨道交通项目的三类受益人为普通大众、使用人和特殊受益人。研究发现，间接使用人（即私人汽车使用人）和特殊受益人（城规周边土地以及物业的业主和开发商）在目前我国城市轨道交通付费制度中被忽略。罗东秋（2010）对日本名古屋某市郊轨道交通沿线土地相关利益主体的受益情况进行研究，发现在最终归属状态下，城市轨道交通带来的利益有70%以上被房地产所有者所占有。

如果能有合适的财税手段或管理手段，让这些房地产业主和开发商也分担适当的交通财税责任，就能提高设施受益和财政负担的匹配程度。使用溢价归公，不仅可以补充紧缺的轨道交通资金，还可以提高这个轨道交通财政系统的经济有效性。郑思齐等（2014）针对轨道交通溢价回收的研究，介绍了国际上主流的溢价回收模式。其中，第一种是基于国家征税权的价值捕获工具，以美国征收土地价值税为代表。第二种是基于政府土地开发规划的价值捕获工具，以中国香港"地铁＋物业"模式为代表。前者需要比较完善的税收征管制度和评估手段，因此适合税收体系比较完备的国家和地区；后者则适用于公共部门征地较容易或者实行土地公有制的国家和地区。

第四节　本章小结

本章详细梳理了国内外与城市轨道交通开发溢价回收相关的文献，并把它们划分为三种类型的研究，进而对每一类研究进行详细解析，为后续研究奠定了理论基础。从对城市基础设施投融资模式的演进与革新的研究文献中

可以发现，在传统的基础设施融资体制下政府发挥着主导作用，"土地财政"成为基础设施建设的主要资金来源。国内学者深刻分析了"土地财政"存在的不足和弊端，并倡导推进城市基础设施投融资模式的改革。

本章还梳理了以土地价值捕获为基础的城市基础设施投融资模式的研究，分别从国内外实践经验和相关研究成果入手，对税费型土地价值捕获和开发型土地价值捕获的理论渊源、基本特征和实现机制进行了深入分析。

在前两类研究的基础上，本章从三个方面对城市轨道交通的投融资模式进行专题研究。首先，部分学者对轨道交通采取公私合作模式的可能性和必要性进行了深入探讨；其次，从研究方法和研究成果两个方面厘清了学者对城市轨道交通开发对沿线房地产增值效应的研究成果；最后，总结了国内少数文献对轨道交通开发溢价回收机制的探讨。

第三章

理论基础

本书的基础理论由外部性理论、城市地租理论、土地价值捕获理论和受益者支付成本理论组成，从而形成了一个完整的逻辑体系。外部性理论解释了"Why"的问题，即城市轨道交通开发为何要进行土地价值捕获；城市地租理论进一步阐述了"What"的问题，即城市轨道交通开发溢价主体内容和结构是什么；在此基础上，本章阐述了"How"的问题，即如何对轨道交通建设带来的土地增值进行回收；最后受益者成本支付理论回答了"Who"的问题，即如何识别轨道交通的特殊受益人，从而进行土地价值捕获。具体的框架见图3-1。

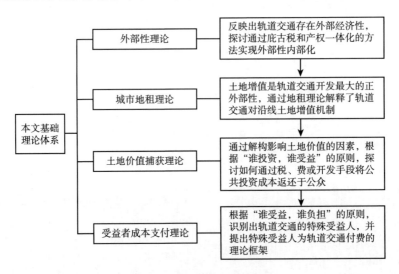

图3-1 基础理论框架结构

第一节　外部性理论

外部性又称外部效应，指的是某一生产或消费的当事人从事的生产或消费活动会对其他经济当事人的成本或效益造成影响的情况，反映了私人收益与社会收益、私人成本与社会成本不一致的现象，从而导致社会资源配置无法达到帕累托最优。

从外部性的影响效果看，可以分成外部经济（正的外部效应）和外部不经济（负的外部效应）。外部经济反映的是一个生产者或者消费者的经济行为使其他经济当事人（生产者或者消费者）受益而又无法向后者收费的现象；外部不经济反映的是一个生产者或者消费者的经济行为使其他经济当事人（生产者或者消费者）受损而前者无法补偿后者的现象。本书对城市轨道交通溢价效应的研究主要涉及外部经济的内容。

一、外部性理论的发展历程

外部性理论起源于 19 世纪末马歇尔发表的《经济学原理》一书，书中提出了"外部经济"的概念。自此之后，外部性概念被大量的学者接受并予以重视，不断有学者试图从不同视角来研究、探讨外部性问题。其中，以庇古（Pigou）为代表的福利经济学派和科斯（Coase）为代表的产权经济学派对解决外部性问题的研究最为深刻。

庇古于 1920 年在其经典著作《福利经济学》中指出边际社会净产值和边际私人净产值，最终形成了外部性理论。基于外部性理论，进一步提出了著名的庇古税（津贴）方案，即由政府对造成外部不经济的企业征税，限制其生产；相应地，对创造外部经济的企业给予补贴，鼓励其生产。

与庇古解决外部性的方法不同，以科斯为代表的产权经济学家认为，外部性问题可以通过当事人的谈判得到纠正，从而实现社会效益最大化。科斯主张，外部性本身是有特定市场的产品，只要产权明确，且交易成本为零或很小，外部性的各项权利是可交易的，其中市场均衡的最终结果会是有效率的，表明资源配置能够处于帕雷托最优。

二、城市轨道交通的外部性及其表现

轨道交通具有准公共产品的若干特性。首先，轨道交通具有一定的非竞争性，即增加一个消费者不会减少任何一个人对该产品的消费数量和质量，就轨道交通而言，每增加一名乘客的边际成本基本为零。其次，轨道交通具有有限的排他性。这是指当轨道交通乘客数量未达到拥挤点以前，额外增加的乘客不会发生竞争；超过拥挤点以后，增加一名乘客将减少总效用。由于消费"拥挤点"的存在，相关管理部门会采取售票等手段来应对该问题。

相对于传统的大众交通而言，城市轨道交通具有运量大、能耗低、污染小、快捷、舒适等特点，作为最大型的城市基础设施之一，轨道交通具有明显的外部性特征，其受益群体包括轨道交通使用者、站点周边的房屋业主、房地产开发商以及相关厂商等。轨道交通的外部经济性主要表现在交通效益、经济效益、社会效益和环境效益四个方面。

（一）交通效益

城市轨道交通，一方面为乘客提供了更加舒适的乘车环境，减少了乘客的交通疲劳；另一方面也降低了城市道路的交通压力，减少了可能的交通事故所产生的损失，节约了乘客的出行时间所产生的效益。

（二）经济效益

轨道交通的运营为经济发展做出了突出的贡献。从微观角度看，轨道交通的经济效益除了财务效益外，还有巨大的外部经济效益（即轨道交通开发带动沿线土地价值增值）；从宏观角度看，轨道交通可以促进整个实体经济的发展，改善城市投资环境，提升城市品牌价值和城市竞争力，为地方政府带来更多的税收等公共收入，试图从公共理财的角度获得理想的投资回报。

（三）社会效益

城市轨道交通的社会效益是指从社会整体利益出发衡量轨道交通为社会

所作出的贡献。轨道交通的社会效益主要包括：节约城市土地资源、节约能源、改善城市空间布局、拓展城市功能、增加就业机会等。

（四）环境效益

轨道交通的环境效益是指从自然环境角度来衡量轨道交通的运营为城市的可持续发展所作出的贡献。和传统的交通方式相比，轨道交通对环境的负面影响最小。一方面，城市轨道交通采用电力驱动的方式，能耗低，污染小，无尾气排放。另一方面，轨道交通采用地下的形式，对环境的噪声污染几乎为零。

三、轨道交通的外部经济性导致的供给无效率

当外部性产生时，一般无法通过市场机制的自发调节达到社会资源的优化配置。图 3-2 显示了外部经济性对市场的影响。其中，MC（maginal cost）表示边际成本，同时也代表了供给曲线；MPB（maginal private benefit）表示企业的私人边际收益，MSB（maginal social benefit）表示社会边际收益，它们分别代表个人需求曲线和社会需求曲线；MEB（maginal extenal benefit）表示边际外部收益，当存在外部经济性时，MSB 大于 MPB，两者之差即为 MEB。

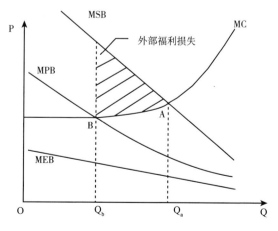

图3-2 正外部下的供需均衡关系

如图 3 - 2 所示，在完全市场条件下，供给曲线和社会需求曲线相交于点 A，对应的均衡产量为 Q_a，即从整个社会的角度考虑，最优供应量应该是 Q_a；然而，从企业的角度考虑，供给曲线和个人需求曲线相交于点 B，对应的均衡产量为 Q_b，由于企业在财务报表中未考虑到外部效应，因此企业的最优供应量低于社会需求的供应量，即 $Q_b < Q_a$。从而导致了资源配置低效率的状态，无法实现帕累托最优，从社会福利的角度看，造成了外部福利净损失（图 3 - 2 中的阴影部分）。

外部性理论很好地解释了轨道交通项目融资问题。如果完全依照市场进行决策，轨道交通项目投资企业将普遍存在财务亏损，从而无法实现有效供给。从企业的角度看，轨道交通的个人需求曲线几乎不可能与其供给曲线相交，Q_b 极有可能趋于零。然而，正是由于轨道交通建设可以产生极大的外部经济效益，所以各地方政府仍然热衷于轨道交通建设项目。如何将轨道交通产品的正外部性内部化，从而实现资源的有效配置是当下亟待解决的问题。

四、轨道交通正外部性内部化的实现方案

现代经济学中，庇古和科斯从两个不同角度提出了外部性内部化的理论。庇古指出，政府应该采用征税或补贴的方式来矫正经济当事人的私人成本，进而达到改善资源配置效率的目的。科斯则主张以自愿协调的方式，依靠市场机制纠正外部性现象。由于庇古偏向于通过政府决策来进行调整，又被称为外部效应的政府解决方案，而科斯更倾向于市场的调节机制，又称为外部效应的市场解决方案。

（一）基于庇古税（津贴）的政府方案

庇古税的政府方案是建立在以下两个假设的基础之上：其一，制造外部经济性的当事人对其行为能够进行约束和改进，且能够改善生产的能力；其二，庇古津贴可以对造成外部经济性的当事人产生有效的激励，并形成降低成本、提高供给的作用。庇古将某一企业在生产过程中每增加一个单位的生产要素所提高的收益定义为边际私人收益，将个别企业在生产中追加一个单

位生产要素带给社会的有利影响定义为边际社会收益。当存在外部经济性的情况下，边际私人收益小于边际社会收益，那么追求个人收益最大化的企业就应该停止生产。但此时，从社会的角度来看，社会边际收益与社会边际成本不一致，与社会资源最优配置状态相比，必然是产出过少，继续进行该项经济活动对社会有利。考虑到外部经济性活动对全社会福利的增长有极大的促进作用，政府应该通过补贴政策来提供支持。

轨道交通项目具有明显的外部经济性特征，政府需要根据社会边际收益提供财政补贴，使轨道交通企业的私人边际收益和社会边际收益相一致，即如图3－3所示，将私人需求曲线 MPB 向上移动至 MPB*，从而和供给曲线相交于最优点 S，达到最优供应量 Q_s。通过制定关于轨道交通项目投资的有效补偿机制，促进有益的社会产品供给，从而纠正可能的市场机制失灵。具体的实施方式，可以采用政府直接拨付财政资金的办法，支持城市轨道交通建设项目。

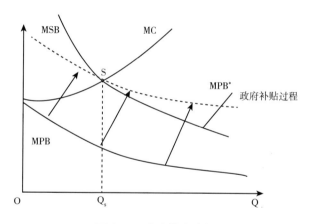

图 3－3　庇古效应分析

（二）基于科斯定理的市场方案

科斯从交易费用的角度，提出了区别于庇古税（津贴）方案的思路。根据"科斯定理"，如果将交易费用加入成本函数，在交易费用为零的情况下，市场机制应该是有效的，产权制度的安排对资源配置没有影响，从而也就排除了外部性问题。如果交易费用大于零，产权制度的安排将影响资源配置的效率，使得市场机制失灵。新制度经济学认为，产权的主要功能就是给产权主体提供激励，将产权赋予正外部性的制造者，其相关的权利得到了产权制度的保护，由正外部性的接受者来支付全部或大部分交易费用，此时，正外部性制造者的内在动力也得到了保证。

产权一体化①的企业合并是基于"科斯定理"将外部性问题内部化的市场解之一。对于轨道交通项目而言，即将轨道交通企业的私人需求曲线 MPB 上移至图 3-4 所示的虚线位置 MPB*，和社会需求曲线 MSB 重合，这个过程的实质就是产权一体化的过程。具体可以通过城市轨道交通建设与周边土地综合开发相捆绑的模式，将城市轨道交通建设的外部性所造成的土地增值收益直接补贴项目建设。这种联合发展模式，就不用企业或相关部门去仔细核算轨道交通项目为周边房地产造成了多少正外部效益，再通过政府财政将缴纳的房地产增值税资金用于轨道交通企业了。

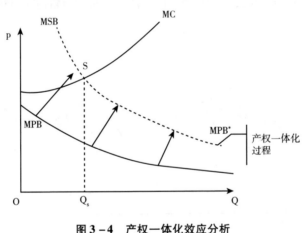

图 3-4　产权一体化效应分析

第二节　城市地租理论

地租是地价的本质，地价是地租的资本化。由于土地的价格包括土地资

---

① 产权一体化是指将相互影响而又不能通过市场交易来补偿的外部性，转化为同一产权主体内部不同环节的不同影响，企业自身享受外部经济效益。

源的价格和土地资本的价格，前者就是地租，后者可以看作折旧、利息和级差地租的组合，因此土地增值就是地租增值。城市地租可以分为绝对地租、级差地租以及垄断地租，和本书研究相关的是前两种地租形式。

一、城市绝对地租

城市绝对地租的增长来源主要是两个方面：一是由于城市经济的发展，地租会随着生产率、产业部门以及土地要素获得更多的超额利率而相应提高；二是随着城市发展所导致的不断上升的土地需求，土地价格也必然上涨，绝对地租量也会增加。

城市轨道交通推动绝对地租的增长，主要表现在两个方面：一是城市轨道交通的建设可以产生巨大的经济效益与社会效益，促进当地经济发展，增加绝对地租；二是城市轨道交通项目将中心城区与郊区串联起来，将会导致更多的农业用地更改土地性质，从而使该地租上涨，提高当地的绝对地租。

二、城市级差地租

级差地租是一个相对于绝对地租的概念，分为级差地租Ⅰ和级差地租Ⅱ。城市级差地租Ⅰ是由于城市土地位置存在优劣差异，位置较好的土地级差生产力转变成超额利润来形成。土地位置与市场的相对距离会形成收入上的相对差异。其主要表现在两个方面：其一，距离市场较远的土地，企业运往市场销售产品必须消耗更多的运输费，而地理位置较好的企业由于运费较低可以获得更多利润。其二，区位较好的地段，考虑到客流量大，资金周转迅速，因此会拥有更高的利润率，从而取得超额利润。城市级差地租Ⅱ是通过对土地进行追加投资的方式，使其劳动生产率出现差异，造成级差生产力，从而转变为超额利润形成的。对于城市土地，级差地租Ⅱ主要表现在两个方面：一方面是由高层建筑的容积率来反映，通常而言，建筑物的容积率越高，其单位利润也越高，不仅存在一般利润，也包含相对更多的超额利润；另一方面是通过改善城市的基础设施和生存环境，提高原区域的级差等级，进而造成新的级差。

对于轨道交通而言，由于城市轨道交通使得沿线变为位置优越的地段，因此增加了级差地租Ⅰ，具体表现在两个方面：一是节约出行时间和交通成本进而取得超额利润；二是轨道交通站点的客流量多，带来了更高的利润率，因此取得了超额利润。

对于城市级差地租Ⅱ来说，城市轨道交通对沿线土地增值也表现在两个方面：一是轨道交通带来了高密度土地开发利用模式，因容积率的提高，开发商获得了超额利润；二是轨道交通促进了周边基础设施的再开发，提升了原有地段级差等级，从而产生了新的级差利润。

级差地租Ⅱ与级差地租Ⅰ虽然存在差异，但其本质是一致的，都是出于产品的个别生产价格与社会生产价格的价差所带来的超额利润。因此，级差地租Ⅱ的形成必以级差地租Ⅰ为前提。

三、城市轨道交通对沿线土地增值模型

根据前面所述，城市轨道交通的建设会同时促进沿线土地三种地租形式的增长，接下来，我们将建立城市轨道交通对沿线土地增值的模型。

如图 3-5 所示，横坐标代表时间，纵坐标代表轨道交通沿线的土地价格。图 3-5 中，AB 段代表轨道交通线路开通前的土地价格，它包含了原来的绝对地租和级差地租；轨道交通开通后，其社会效益和经济效益促进了绝对地租的增长，即图中 BC 段；因轨道交通线路的开通，沿线的土地获得了区位优势，形成了一次性的土地升值，使得级差地租Ⅰ得到增长（CD 段）；新增的级差地租Ⅱ（DE 段）则是由于城市轨道交通运营水平不断提升，带动区域繁荣而形成的土地升值。

由此可见，新增绝对地租是轨道交通间接产生的，很难将轨道交通的开发从其他因素中分离出来。因此，本书研究的土地价值捕获不包括这部分的土地增值。新增的级差地租Ⅰ与城市轨道交通建设运营密切相关，是线路开通给周边土地带来的一次性升值，所以城市轨道交通规划和建设的水平越高，为轨道交通沿线的土地带来的区位优势越大，级差地租Ⅰ就越大。通常

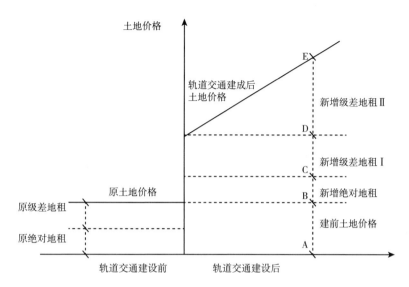

图 3 – 5 城市轨道交通与城市地租增长的关系

情况下，地方政府通过土地出让的方式获得一次性土地出让收益，成为级差地租Ⅰ的主要受益者。级差地租Ⅱ与轨道交通的运营水平高度相关，其受益者主要是开发商和不动产拥有者。

第三节　土地价值捕获理论

一、土地价值捕获的概念和内涵

土地价值捕获的概念可以追溯到大卫·里卡多（David Ricardo，1821）和亨利·乔治（Hen George，1879）。它是指公共基础设施投资带来的土地价值增值全部或部分被社会回收的过程，进而提供公共基础设施建设资金。

布鲁贝克等（2010）提出了影响土地价值的五个因素：（1）公共基础设施投资和社会服务；（2）土地性质的改变；（3）人口增长和经济发展；（4）私人投资增加土地价值；（5）土地的原始生产力。土地价值捕获的基本原理是从布鲁贝克等（2010）提出的五因素中分离出由公共部门创造的价值，然后根据"受益者负担"原则进行土地价值捕获。所谓"受益者负担"是指公共投资增加了土地价值，那么公共投资的受益人应当支付部分公共投资的成本或将收益返还公众。土地价值捕获机制是有效率的，因为公共基础设施的受益者支付一部分公共投资，可以防止公共品的价值被低估。此外，这种机制还是公平的，因为它遵循了"谁投资，谁受益"的原则。土地的原始价值和私人投资增加的土地价值理应归私人所有。因此，讨论土地价值捕获时，应先将私人所创造的那部分价值剥离出去。剩下三种因素就是土地价值捕获机制所要讨论的核心。

首先，公共投资成本至少应该有一部分被其所创造的利益所补偿，这个观点已经在学术界达成了普遍的共识。然而，具体采用什么方法进行回收，还存在很多问题。其次，由土地性质改变和经济发展带来的土地价值增值是否应该进行土地价值捕获在学术界尚未达成一致。例如，在美国，私人土地所有者认为他们拥有房地产永久产权，因此，如果土地性质发生改变带来土地价值增长，当政府要求土地所有者支付相应的影响费时，通常会遭到强烈的反对。当然，土地所有者和开发商有时候也可能会支持这种政策，这和房地产市场情况以及他们的讨价还价能力有关。最后，由于人口增长和经济发展带来长期的土地价值增值效应，学术界对这部分增值进行溢价回收也保有争议。而且，大部分情况下，很难将这部分增值从其他因素中剥离出来。

更为复杂的问题是，房地产价值通常用市场交易价格来衡量，而市场交易价格既包含土地价值，又包含地上建筑物价值，一般无法将两者分离开来。即使可以分离，土地价格只能做大概估算，如房地产价格的某一个比例。此外，即使可以将土地价值分离出来，也很难识别哪些是私人创造的，哪些是公共创造的。但是，如果以和土地价值相关的某一个活动为参照，如一个公共基础设施项目、土地性质改变、私人投资行为等，就可能估算出土地价值的变化。

鉴于研究土地价值捕获问题的外延之广，内容之复杂，本书以轨道交通基础设施为例，讨论公共服务机构如何捕获轨道交通带来的土地价值增值，以覆盖轨道交通的建设和运营成本。

二、土地价值捕获的方式

土地价值捕获的方式大致划分为税费型的方式和开发型的方式。

税费型土地价值捕获通过政策法律要求私人业主或房地产开发商缴纳税、费来帮助政府回收土地价值的增值部分，通常包括强制性的税收手段和半强制性的指定专用税费手段。在具体的实现方式上，主要有征收房产税、特别评估、影响费和税收增额融资。

房产税是历史最悠久、最司空见惯的税费型土地价值捕获工具。属于一般性税费，即没有事先指定特殊用途，先统一征收上来再重新分配。基础设施的改善一方面使其直接使用者受益，另一方面也带动了整体的经济发展和社会进步。从这个意义上来说，政府可以考虑征取房产税来支持基础设施建设。该税种具有诸多优点：首先，房产税是累进税，意味着那些具有更高支付能力，拥有房地产价值更高的人，要支付更多房产税；其次，房产税税源广泛，只要拥有房地产的业主都要支付房产税，且因为房地产具有异质性和不可移动性，逃脱税款很难实现，基本可以做到应收尽收；最后，房产税是有效率的，是一种能够创造最小市场扭曲的财政工具。因为城市土地供应在短期内相对缺乏弹性，房产税无法改变可供开发的土地数量，因此可以鼓励高密度的开发活动，从而提高了土地的利用效率。

不同于房产税，特别评估、影响费和税收增额融资都是非税收手段的土地价值捕获工具，属于指定专用税费，即开发商或物业所有者所支付的税费和提供的服务之间有直接联系。在法律层面，这些费和服务必须有"合理联系"或"大概比例"，以便使用它们时可以进行评估。

特别评估是在特定区域内由政府针对公共投资所创造的收益而征收的附加税，要求投资中直接获益的财产所有人支付成本。影响费（IF）是一种开发强制性收费，即要求开发商提供公共基础设施、资金或实物补偿（如捐献土地），用于提供新开发项目的基础设施和服务。税收增额融资（TIF）也是事先划定某个地理区域，但不引入新的税种，而是由专门的管理机构在现有土地增值收益中划拨。

以开发为基础的土地价值捕获不同于税收和费用，它通过出售或出租土地、开发权和空间权来实现。在这一背景下，政府、开发商和土地所有者通过发掘公共基础设施的发展机会，共享土地增值收益。开发型土地价值捕获方式主要有开发权出售、联合开发、空间权出售、土地再规划（铃木博明等，2016）。文献综述已对这四种土地价值捕获工具做了简单介绍，这里不再赘述。

根据不同城市的制度背景、地方财政水平以及当地土地发展情况，可选择最适合自己的土地价值捕获方案。如果当地政府已经建立了一套完整的房地产税收体系，那么应该考虑税费型的土地价值捕获方式。如果当地政府有能力获得性价比高的土地，那么就应该考虑开发型的土地价值捕获方式。土地价值捕获方案见表3-1。

表3-1　　　　　　　　　土地价值捕获方案

工具类型	方案	受益者和承担者	主导者	描述
税费型的土地价值捕获	房地产税和土地税	物业所有人	政府	基于土地价值或土地与房屋价值总和的预估而征收的税，收益通常纳入一般用途的预算
	税收增额融资	物业所有人和开发商	政府	对将由市政债券融资而再开发的区域内财产的财产税预计增值部分征收附加税，主要用于美国
	特别征收	物业所有人和开发商	政府	由政府针对公共投资所创造的收益而征收的附加税，要求公共投资中直接获益的财产所有人支付成本
	影响费	物业所有人和开发商	政府	影响费是一种开发强制性收费，即要求开发商提供公共设施、基础设施、资金或实物补偿（如捐献土地）
开发型的土地价值捕获	开发权出售	物业所有人和开发商	政府	政府向开发商出售土地开发权，由于公共投资或法规变化带来土地价值增值，开发商需要在租期内预付年度土地租金
	联合开发		政府和私人部门	政府提供土地，私有部门提供基础设施，公私主体间风险分担，利益共享
	空间权出售		政府和私人部门	政府在土地利用法规的范围之外出售开发权，或者出售因法规变化而产生的开发权，从而补贴公共基础设施和服务
	土地再规划		政府和私人部门	土地所有人集中其土地，将其一部分土地出售，从而募集资金，支付公共基础设施开发的部分成本

资料来源：铃木博明，村上迅，康宇雄，贝丝玉代势．土地价值支持以公共交通为导向的开发 [M]．北京：中国建筑工业出版社，2016：3-4.

第四节　受益者支付成本理论

受益者支付成本理论以受益人负担为主线，根据"谁受益，谁负担"的原则，从成本方面考虑土地支持城市轨道交通融资。李艳飞等（2013）根据受益人负担的原则，识别出了城市轨道交通项目的三类受益人，即普通大众、使用人和特殊受益人。

一、特殊受益人

使用人可以分为直接使用人（乘客）和间接使用人（汽车使用人）。城市轨道交通能够为乘客节省出行所需的时间和成本费用，并带来了更好的乘车体验，直接使用人通过购买车票对其收益进行支付。间接使用人一般指汽车使用人，轨道交通分流公路交通的客流，使汽车的使用者通行更加便利。汽车使用者通过缴纳汽车购置税、消费税等间接为城轨付费。

从整个城市来看，轨道交通建设减少污染、改善环境、促进经济发展，并且使整个交通系统更加流畅，从这个角度看，普通大众从轨道交通的建设中获益。政府作为投资建设主体，通过从普通大众那里征收一般性税费，形成财政收入，支持轨道交通的发展。

特殊受益人是相对于普通大众而提出的，是指地铁周边的房地产所有者和开发商。由于地铁的存在，周边区位的交通可达性大大提高，从而提高了周边土地租金，具体表现为更高的物业价格和更好的开发机会。相对于普通大众，轨道交通沿线的居民和房地产开发商获益要高得多。然而，这部分特殊受益人，往往在轨道交通付费制度中被忽略。

如果单纯的以轨道交通的使用者来定义"使用者"付费，票箱收入和汽车相关税费完全无法支付轨道交通的运营成本，更不用说回收建设投资。如果采用一般性财政资金支持轨道交通建设和运营，对于城市绝大多数市民而言，他们会由于轨道交通建设而缴纳更多的一般性税费，这种成本分担方式是不公平的。

考虑到轨道交通属于一种典型的地方公共品，其周边土地价格的上涨反映了它所具有的强大社会效益。而且随着时间推移，房价上涨，地价上升，特殊受益人将代替使用人成为轨道交通的最大受益者。然而，轨道交通带来的土地增值，并非特殊受益人创造的，而是公共投资创造的，因此，如何设计合理的土地价值捕获机制，将这个外部性内部化，是地方政府在轨道交通建设中要不断探索的重要问题。

二、特殊受益人为轨道交通付费的理论框架

麦金托什语等（McIntosh et al.，2015）指出，在人口集中、交通拥堵的大城市，建立轨道交通系统，并将轨道交通和土地利用相结合，其目的是在经济上和财政上以最有效率的方式，为更多的人提供更加便捷有效的交通服务。他们进一步建立了一个将轨道交通、土地利用和财政规划整合在一起的土地价值捕获理论框架。基于该理论框架，通过将轨道交通带来的经济正外部性内部化，实现了轨道交通利益相关者的利益最大化，并促进了轨道交通建设。为了实现这一目标，麦金托什语等分五步建立了特殊受益人为轨道交通付费的理论框架。

1. 分析当地的法律和制度，从政策角度寻找为轨道交通融资的契机

查找当地政府与轨道交通和城市规划相关的法律和法规，包括：规划和发展立法（与促进轨道交通建设发展能力相关）；税收立法（包括国家和当地政府）以及当地政府的分成比例；停车法规和相关立法。这一部分的重要性在于如何在现存的法律法规中挖掘出为轨道交通融资的法律工具，它是土地价值捕获的法律基础，也是可供选择的融资策略。如果找不到相关法律，那么可以借鉴国外相关法律法规，如税收增额融资（TIF）。

2. 可达性受益人分析

在都市空间和经济结构中，轨道交通可达性占据重要的地位（Giuliano

et al.，2010）。轨道交通的建设运营提高了沿线地区的可达性，这种可达性优势转化为房地产增值效益，从而使房地产业主受益。从土地价值捕获的角度看，这可以视为政府或交通部门对邻近土地价值的一种投资，投资的受益人即为房地产所有者或开发商，因此这种投资应该以租金的形式获得返还。度量轨道交通可达性的工具林林总总，比如早期的有康弗斯（P. D. Converse）于1949年提出的断裂点理论法，近期常用的有舍勒（Scheurer，2010）提出的多层城市交通系统空间网络分析法。

3. 评估轨道交通项目带来的土地价值增值

将土地市场和轨道交通整合在一起，进而估算溢价规模和回收可能性是进行土地价值捕获的关键。然而，具体轨道交通项目，由于其本身及所处的市场环境不同，对土地和房地产市场的溢价规模因地而异。学者们一般采用土地价值的特征价格分析方法，估算轨道交通的溢价规模。也有学者根据已有文献，采用 Meta 分析和估计轨道交通对房地产市场的影响。穆罕默德等（Mohammad et al.，2013）在文献中总结了估算轨道交通对房地产和土地价值影响的工具和方法。在数据可得的条件下，采用以包含时间变量的面板数据为基础的特征价格模型来分析轨道交通投资对房地产市场的影响是最有效率的，因为它涵盖了轨道交通项目从计划、建设到运营不同阶段的数据（Mohammad et al.，2013）。在数据不充分的情况下，可以采用横截面分析法来实证轨道交通对房地产的增值效应。估计轨道交通房地产市场的溢价规模是进行溢价回收的基础，也是将轨道交通开发利益和受益人相联系的重要工具。

4. 选择一种可行的融资策略，将轨道交通带来的土地价值增值内部化

首先，为不同的轨道交通项目选择最适合的土地价值捕获方案。本书借鉴铃木博明2016年的研究成果，表3-1罗列了可供选择的土地价值捕获方案。其次，在轨道交通项目土地价值捕获机制实施之前，应该对每一项融资策略进行政策评估（见表3-2）。单纯考虑市场因素所制定的土地价值捕获方案往往带来不尽如人意的结果。融资策略应该将所有的经济、社会和环境成本都反映在价值上，这样将最小地扭曲经济活动，并最大地创造社会产出。

表 3 – 2　　　　　　　　　　土地价值捕获机制的评价体系

评价标准	描述
收益产出	如果土地价值捕获机制是稳定的,那么它所产生的收益是否能补偿其成本
成本效益	效益是一项融资战略的核心要求,即在有限的预算下,能及时完成项目并创造价值
经济效率	分配效率衡量的是一项经济决策在多大程度上使投资模式和消费模式扭曲从而导致整个社会福利下降,是政府需要长期考虑的问题
公平性	公民所承受的负担与其经济状况相匹配,使不同人的负担程度处于均衡状态;包括横向公平和纵向公平
执行成本、确定性和透明性	执行成本低且确定性高对有效计划至关重要,透明性因为提高了人们对项目进程和问题的认识,从而成为降低不确定性的关键因素
利益相关者支持	利益相关者对溢价回收机制的接受程度,以及公共机构能够说服利益相关者接受的能力
技术可行性	采用最新技术征收轨道交通相关税费,可以有效并且精确地征收税费并分配税收成本

　　资料来源:Center for Transportation Studies. Value Capture for Transportation Finance〔R〕. Minnesota:University of Minnesota,2009.

5. 制定具体的轨道交通土地价值捕获融资方案并实施战略

第五节　本章小结

　　本章归纳了支持本书论点的主要理论体系,着重分析了外部性理论、城市地租理论、土地价值捕获理论和受益者成本支付理论。从逻辑关系上来讲,这四个理论在内容上层层递进,形成了一个完整的逻辑体系,为后续的研究提供了理论支持。

　　首先,本章从经济属性的角度界定了轨道交通属于城市准公共产品,存在显著的外部经济性,具有良好的交通、经济、社会和环境效益。轨道交通的外部经济性导致的供给无效率,为公共部门通过庇古税或产权一体化的方式将正外部性内部化提供了逻辑支点。其次,城市地租理论解释了轨道交通对沿线土地增值机制的影响，通过进一步分析轨道交通与城市地租增长的关系，得出新增级差地租Ⅱ是土地价值捕获策略应该着重考虑的部分。在解释了轨道交通开发为何要进行土地价值捕获以及开发溢价主体内容的基础上，本章重点介绍了土地价值捕获的主要方式，即税费型方式和开发型方式。最后，依据受益者成本支付理论，本书发现，如何识别轨道交通的特殊受益人并为轨道交通付费，是土地价值捕获机制能够实现的关键。

第四章

城市轨道交通对周边二手房溢价效应的
实证研究

前面就城市轨道交通开发对周边房地产价值的影响进行了文献综述和理论分析。研究发现，城市轨道交通具有明显的外部经济性，尤其体现在对周边房地产价值的增值方面。然而，城市轨道交通开发产生的巨大效益并未得到合理的分配。接下来，本章将实证研究城市轨道交通的溢价效应，并从公共财政的视角探讨城市轨道交通的成本承担和利益分配状况，以及如何更好地改善政府进行城市轨道交通投融资的预算。本章采用特征价格模型对武汉市城市轨道交通站点周边二手房交易进行实证分析，试图研究城市轨道交通对周边二手房市场的影响范围和影响强度，从而深入了解二手房所有者所享有的城市轨道交通溢价，为政府采用财税手段回收这部分溢价提供实证依据。

第一节　文献回顾与问题的提出

关于城市轨道交通溢价效应的研究，国内外学者主要从以下两个方面着手：一是基于房地产经济学探讨城市轨道交通对周边房地产价格的影响，主要从三个层面展开，即影响性质、影响范围和影响大小。根据已有文献研究结论，在影响性质上，大多数国外经验研究（Cervero，2004；Kahn，2007；Immergluck，2009；Geotz，2010；Mi Diao，2014；等等）和国内经验研究

（王霞，2004；郑捷奋等，2005；刘贵文等，2007；谷一桢等，2010；王福良等，2014；王宇宁，2015；徐涛等，2016）均支持城市轨道交通对周边住房价格产生积极影响。影响大小和影响范围上，已有的经验证据中，影响范围差异巨大，影响大小相差可以达到数倍。因此，有针对性地研究中国城市的轨道交通溢价效应，对制定相关政策具有重要的现实意义。二是基于财政学来探讨城市轨道交通建设的受益者与成本承担者是否匹配，如何有效地回收这部分溢价，从而进一步支持政府进行轨道交通建设。通过文献研究发现，城市轨道交通投资能够显著地资本化到房地产价格中，但这部分资本化价值并没有得到合理分配，为此许多学者从公共财政学的视角，建议为城市轨道交通融资建立强有力的制度保障和财税工具支持。例如，王轶军、郑思齐和龙奋杰（2007）对北京市商品房市场和土地市场进行实证研究，发现地铁会促使周边房地产价格上涨，但是这部分溢价并没有通过土地出让金由房地产开发商传递给政府，建议设置以房产价值为税基的物业税来回收这部分价值。胡喆（2013）以武汉地铁工程为例，建议采用地铁与物业相结合的模式来保证城市轨道交通建设运营的可持续发展。郑思齐和胡晓珂等（2014）指出，国际上通常采用税收或"联合开发"的方式来回收城市轨道交通的溢价部分，然而我国往往采用土地出让的方式进行一次性回收，这不利于轨道交通建设以及运营的可持续发展。李艳飞和杨飞雪（2015）从 PPP 项目投资的视角研究了城市轨道交通的溢价回收模式，指出政府主导的溢价回收能够有效地支持城市轨道交通的建设与运营，然而私人主导的溢价回收效率更高。

在以往的研究中，大多数学者并没有特别说明研究样本的选择来自二手房市场还是新房市场，考虑到地铁周边二手房交易的受益者为二手房所有者，而新建商品房交易的受益者为房地产开发商。这样无法有效地计量城市轨道交通建设溢价部分的享有情况，也无法合理地提出有针对性的土地价值捕获方案。鉴于此，本章将首先针对轨道交通站点周边二手房市场进行实证分析，试图弄清城市轨道交通开发对周边二手房市场的影响。在随后两章本书还依次对新建商品房市场和土地市场进行研究，试图了解二手房所有者、房地产开发商和地方政府各自享有的城市轨道交通开发的溢价份额。

第二节 研究方法与模型设计

一、理论模型

阿朗索（Alonso，1964）对交通可达性与房地产价格之间的关系进行研究并提出了区位决策理论。该理论认为，家庭到市中心的距离与土地价格成反比，最高地价将产生于城市可达性最高的地段，因为那里的交通成本最低。本书借鉴付式合（Fu Shihe，2005）提出的交通便利性影响土地价值模型，构建城市轨道交通投资与房地产价格关系模型。

假设所有家庭收入相同，用 Y 表示，他们的消费包括且仅包括住房消费以及非住房商品组合。其中，住房消费数量用 L 表示；非住房消费量用 a 表示；其价格标准化为 I。所有家庭对两者偏好相同。公共交通投资用 I 表示，它通过改变交通可达性对房地产的需求和价格产生影响，即房地产的需求和价格是公共交通投资的函数。假设消费者的偏好具有连续性，并与公共交通投资规模、住房消费和非住房消费的消费量呈正比关系，该模型中消费者的目标是通过将资金分配于住房和非住房商品达到效用最大化，则消费者的效用函数可以表示为：

$$U(a,L,I)$$

由于 L 是 I 的函数，效用函数 $U(a,I)$ 包含了 $L(I)$ 的影响，模型中消费者的效用函数可以简化为：

$$U(a,I)$$

每个家庭通过选择 a 和 I 使其效用最大化，效用函数可表示为：

$$\underset{I}{Max}U(a,I)$$

$$s.t. \quad a + cd + P(I,d)L(I) = Y$$

其中，d 代表房地产到市中心的距离，每个家庭的交通成本为 cd；P 代表不同公共交通投资规模下消费者对单位面积房地产的意愿支付价格。通过变形，上式可以改写为：

$$\underset{I}{Max}U = [Y - cd - P(I,d)L(I),I]$$

从而可以推导出公共投资最优规模表达式：

$$I^*(Y,c,d,P)$$

$$a^* = Y - cd - P(I^*,d)L(I^*)$$

由此可以得到消费者均衡效用水平为：

$$U[Y - cd - P(I^*,d)L(I^*),I^*] = x$$

进一步可以得出房地产竞标价格表达式：

$$\varphi(x,d) = \underset{I}{Max}\left\{\frac{Y - cd - a^*}{L(I)}\right\}$$

由于 $U(a^*,I^*) = x$，所以可以得到 $a^* = a(x,I^*)$。

上式可以改写成：

$$\varphi(x,d) = \underset{I}{Max}\left\{\frac{Y - cd - a(x,I^*)}{L(I^*)}\right\}$$

对 I 求一阶导数得如下表达式：

$$\frac{\partial\varphi}{\partial I^*} = \frac{1}{L(I^*)}\left(-\frac{\partial a}{\partial I^*} - \frac{Y - cd - a(x,I^*)}{L(I^*)} \cdot \frac{\partial L}{\partial I^*}\right)$$

由于

$$\varphi = \left\{\frac{Y - cd - a(x,I^*)}{L(I^*)}\right\}$$

所以

$$\frac{\partial\varphi}{\partial I^*} = \frac{1}{L(I^*)}\left(-\frac{\partial a}{\partial I^*} - \varphi\frac{\partial L}{\partial I^*}\right)$$

由上式可知，如果不等式 $\varphi \leqslant -\frac{\partial a/\partial I^*}{\partial L/\partial I^*}$ 成立，则有 $\frac{\partial\varphi}{\partial I^*} \geqslant 0$；反之，则有 $\frac{\partial\varphi}{\partial I^*} \leqslant 0$。由此可以得出，在区位一定的条件下，消费者将根据房地产所在区域的交通可达性决定自己的购买决策。当房地产竞标价格 $\varphi \leqslant -\frac{\partial a/\partial I^*}{\partial L/\partial I^*}$ 时，公共交通投资规模增加，将带来房地产价格加速增长；反之，公共交通基础设施投资与房地产价格呈反向变化。

二、计量模型设定与变量选择

（一）特征价格模型

特征价格法是研究房地产价格最常见的研究方法。其中，Hedonic 带有"享乐"的意思，指的是商品或服务给消费者带来的效用与满足。特征价格模型是一种处理异质产品价格与这些产品所具有的属性间关系所经常采用的模型。而房地产属于一系列特征组合而成的异质性商品，因此房地产交易价格反映了所有特征带给人们的效用。特征价格法将房地产交易价格作为被解释变量，将房屋的各种特征作为解释变量，通过回归分析的方法来研究各种特征属性如何影响房地产的交易价格，进而解释房地产交易价格存在明显差异的成因。与其他研究方法相比，特征价格法属于大样本的定量研究方法，可以更好地分析和评估城市轨道交通对房地产交易价格的影响。特征价格模型主要有线性函数、半对数函数和双对数函数三种常见形式。本书借鉴罗森（Rosen，1974）提出的两阶段回归方法，采用半对数形式，建立特征价格模型：

$$\log(P) = F(H, Y, W, M, \varepsilon)$$

其中，P 代表住宅小区的平均价格。若采用单个房地产为单位，由于缺乏同一住房的重复交易数据，无法观察时间变量对房地产价格的影响。我国城市中住房市场以"小区"的形式集中供应，恰恰为本书采用多层特征价格回归方法提供了一种改进思路。一般情况下，同一住宅小区内的单个住房的建筑特征具有高度的同质性（郑思齐等，2013）。因此，本书以住宅小区为最小单位，观察各小区年度平均销售价格。

H 代表住宅小区的特征控制变量。就我国住宅特点，可以把房地产的特征分为建筑特征、邻里环境和区位特征三大类。

（1）建筑特征（b）。住宅价格往往跟住宅建筑本身的特征相关。由于本书研究样本以住宅小区为最小单位，所以选择的建筑特征的变量有房龄、容积率、小区面积、绿化率、小区内是否有商店、幼儿园和活动场所。

（2）邻里环境（c）。邻里环境特征主要包括社会经济变量、政府或市政公共服务设施和外在性影响。基于此，本书选择的邻里环境变量为小区周边公交车数量、周围是否有购物商场、小学、中学、大学、医院、绿地公园、湖景或江景。

（3）区位特征（d）。住宅的区位特征一般从整个城市范围的角度进行考虑，往往是对可达性进行量化。本书中区位特征包括小区距离城市中心、副市中心和城市主干道的距离以及小区是否在二环线内、是否在三环线外。

$$H = \{b,c,d\}$$

Y 代表时间虚拟变量。时间变量反映了城市区域宏观背景的影响，如经济发展情况、住房年供应量、住房限购政策等因素对房价的影响。因此，本章回归分析引入时间虚拟变量作为控制变量。

W 代表住宅小区所在的行政区域虚拟变量。每一个行政区域可以看作一个分市场，分市场内房地产商和消费者面临着同样的经济、文化和自然环境，因此有相同的供给结构和消费结构，住宅小区的平均房价与其所在区域有关。

M 是核心解释变量，指住宅小区距离最近轨道交通站点的距离，以及小区是否在距离站点 200 米、200 ~ 400 米、400 ~ 600 米、600 ~ 800 米、800 ~ 1 000 米、1 000 ~ 1 200 米范围内。划分间距为 200 米的定距环，估算轨道交通溢价效应自内向外的变化情况，是为了确定轨道交通的影响范围。最远距离划分至 1 000 ~ 1 200 米是因为根据国内外研究经验，城市轨道交通站点对地价影响主要集中在 1 000 米范围内。居民使用轨道交通的意愿通常由步行可达性决定，步行 1 000 米大约需要 15 分钟，可视为人们可接受的步行距离范围。因此，我们将轨道交通站点的影响区域设定为半径为 1 200 米圈层，以影响范围之外的住宅小区为参照。具体各变量符号和定义见表 4 - 1。

表 4 - 1　　　　　　　　　　　二手房样本变量说明

变量类别	变量名称	变量符号	变量定义
被解释变量	二手房小区平均交易价格（元/平方米）	Price	2010 ~ 2013 年每年 3 月的住宅小区平均交易价格的对数形式
解释变量	小区到轨道交通站点的距离	D_sub	二手房小区距离最近地铁站的距离，取对数形式
	站点周边 200 米范围内	D_sub200	二手房小区是否在站点周边 200 米范围内，设置虚拟变量

续表

变量类别	变量名称	变量符号	变量定义
解释变量	站点周边 200～400 米范围内	D_sub400	二手房小区是否在站点周边 200～400 米范围内，设置虚拟变量
	站点周边 400～600 米范围内	D_sub600	二手房小区是否在站点周边 400～600 米范围内，设置虚拟变量
	站点周边 600～800 米范围内	D_sub800	二手房小区是否在站点周边 600～800 米范围内，设置虚拟变量
	站点周边 800～1 000 米范围内	D_sub1000	二手房小区是否在站点周边 800～1 000 米范围内，设置虚拟变量
	站点周边 1 000～1 200 米范围内	D_sub1200	二手房小区是否在站点周边 1 000～1 200 米范围内，设置虚拟变量
建筑特征	小区楼龄	Year	小区住宅的使用年数，取对数形式
	小区面积	Areas	小区的建筑面积
	容积率	Plate	小区的地上总建筑面积与用地面积的比率
	绿化率	Green	小区绿化垂直投影面积之和与小区用地的比率
	停车比率	Car	小区每户居民平均占有的停车位
	商店	Shop	小区内是否有商店，设置虚拟变量
	幼儿园	Kinder	小区内是否有幼儿园，设置虚拟变量
	场所	Place	小区内是否有活动场所，设置虚拟变量
邻里特征	公交线	Bus	小区周边 800 米范围内公交车数量（条）
	商场	Market	小区周边 800 米范围内是否有购物商场，设置虚拟变量
	小学	Primary	小区周边 800 米范围内是否有小学，设置虚拟变量
	中学	Middle	小区周边 800 米范围内是否有中学，设置虚拟变量
	大学	University	小区周边 800 米范围内是否有大学，设置虚拟变量
	医院	Hospital	小区周边 800 米范围内是否有医院，设置虚拟变量
	公园	Park	小区周边 800 米范围内是否有绿地公园，设置虚拟变量
	景区	Scenic	小区周边 800 米范围内是否有湖景或江景，设置虚拟量

变量类别	变量名称	变量符号	变量定义
区位特征	到市中心距离	Center	小区距离城市中心的距离（100 米）
	到分中心距离	Sub center	小区距离城市分中心的距离（100 米）
	到主干道距离	Main road	小区距离城市主干道的距离（100 米）
	是否在二环线内	Second	小区属于武汉市二环内，设置虚拟变量
	是否在三环线外	Third	小区属于武汉市三环外，设置虚拟变量
区域虚拟变量	江岸区	JA	小区是否属于江岸区，设置虚拟变量
	江汉区	JH	小区是否属于江汉区，设置虚拟变量
	硚口区	QK	小区是否属于硚口区，设置虚拟变量
	武昌区	WC	小区是否属于武昌区，设置虚拟变量
	洪山区	HS	小区是否属于洪山区，设置虚拟变量
	东西湖区	DXH	小区是否属于东西湖区，设置虚拟变量
时间虚拟变量	是否于 2014 年交易	Year2014	二手房交易发生于 2014 年则为 1，其他年份为 0
	是否于 2015 年交易	Year2015	二手房交易发生于 2015 年则为 1，其他年份为 0
	是否于 2016 年交易	Year2016	二手房交易发生于 2016 年则为 1，其他年份为 0

（二）多层线性模型

政府或轨道交通部门对交通可达性的提高带来的房地产溢价效益进行回收，建立相关的财政机制，需要以精确且值得信赖的计量估计结果为基础。然而，在实际应用中，由于无法做到对所有房地产特征的观察和度量，特征价格模型始终存在一定的估计偏误，从而降低了计算结果的有效性和准确性（郑昱，2011）。另外，由于房地产价格在空间层面和时间层面存在交互作用问题，采用传统 OLS 回归方法，可能产生潜在的空间和时间自相关问题，进一步降低估计结果的有效性（吴学品，2011）。为了克服以上问题，我们在纳入所有可能对住宅小区价格产生影响的特征变量的基础上，采用多层特征价格回归方法进行估计。

本章研究住宅小区数据既符合区域镶嵌型结构（住宅小区分布于不同的行政区域），又符合纵向重复观测结构（追踪研究中观察历年住宅小区销售均价），也就是说模型中既包含了个体参数 H，又包含背景参数（区域变量 W 和时间变量 Y）。研究采用多层模型估计方法可以改善单层回归的估计和分析结果，避免空间自相关和时间自相关问题。我们采用多层线形模型中随机截距和斜率模型进行分析（Steelw，2008）：

$$\log(P_{iv}) = \beta_0 + \beta_1 Y_{iv} + \sum_{k=1}^{m} \lambda_k H_{kiv} + \beta_2 M_{iv} + \mu_{0v} + \mu_{1v} Y_{iv} + \varepsilon_{iv}$$

其中，$\log(P_{iv})$ 为隶属于行政区域 v 的住宅小区 i 平均销售价格的自然对数；Y_{iv} 为时间变量（其中，2013 年、2014 年、2015 年、2016 年的线性编码分别设为 -2、0、2、4）；H_{kiv} 为第 v 行政区域中住宅小区 i 的第 k 个特征控制变量；M_{iv} 为本节的核心解释变量，表示 v 区域中的住宅小区 i 距离最近轨道交通站点的距离，以及小区是否在距离地铁站 200 米、200～400 米、400～600 米、600～800 米、800～1 000 米、1 000～1 200 米范围内；区域效应为 μ_{0v}（其中，江岸区、江汉区、硚口区、武昌区、洪山区、东西湖区的线性编码分别设为 1、2、3、4、5、6）；时间效应为 μ_{1v}，分别表示行政区域和时间对住宅小区价格的影响。

三、研究数据

武汉市是湖北省省会，中部地区中心城市，中部六省唯一的副省级特大城市。全市下辖 13 个市辖区、3 个国家级开发区，总面积为 8 494.41 平方千米，全市常住人口为 1 060 万人。长江及其最大支流汉水横贯武汉市中心，将武汉中心城区一分为三，形成武昌、汉口、汉阳划江为界三镇鼎立的格局。武汉市的中心城区有七个，依次为江岸区、江汉区、硚口区、汉阳区、武昌区、青山区和洪山区，七个中心城区面积 863 平方千米，建成区面积 552.61 平方千米。[①]

武汉市地铁规划至少开始于 1996 年，但是因为资金以及过江隧道技术不到位，迟迟没有将计划付诸实施，直到 2004 年第一条轨道交通线路才正式开通运营。截至 2015 年 12 月 31 日，武汉已开通运营轨道交通一号线，轨

---

① 资料来源：《2017 年武汉市国民经济和社会发展统计公报》。

道交通二号线，轨道交通三号线和轨道交通四号线。由于本书的研究时间跨度为 2013 年 3 月 ~ 2016 年 3 月，故选择 2012 年底前开通的轨道交通一号线一期和轨道交通二号线一期作为研究对象，其中轨道交通一号线全长 28.85 千米，共设车站 25 座；轨道交通二号线全长 27.7 千米，共设车站 21 座。特别需要说明的是，本书研究 2016 年之前的武汉市房地产市场是因为 2016 年在房地产去库存政策的刺激下，武汉出现了楼市过热房地产价格非理性上涨的现象，3 ~ 9 月，武汉市房价累计涨幅高达 30% 以上，之后为了稳定房地产市场，武汉市又出台了一系列限贷限购政策，为了剔除这些政策对房价的影响，我们将研究时间范围锁定在 2016 年 3 月之前。在行政区划上，轨道交通一号线和二号线路经过了江岸区、江汉区、硚口区、东西湖区、武昌区、洪山区。截至 2022 年 1 月 1 日，武汉市轨道交通运营线路共 11 条，总运营里程达 460 千米，线路长度居中国第五位，中西部第一位。武汉市的轨道交通规划建设和过程为经验研究提供了难得的完备数据，为深入细致的经验分析提供了重要的参考价值。

本节实证分析所使用的数据是武汉市轨道交通一号线和轨道交通二号线站点周边 3 000 米范围内住宅小区（二手房）样本。安居客等专业房地产网站提供了住宅小区不同时期的二手房平均交易价格和楼盘信息（如楼层、面积、小区容积率等）。需要说明的是，本章以 2013 ~ 2016 年每年 3 月份的二手房平均交易价格作为样本价格，用于分析轨道交通对周边房价的影响。住宅小区距离城市中心、副中心、城市主干道以及最近轨道交通站点距离为网络距离，根据住宅小区空间位置，利用 ArcGIS 工具直接计算得出。通过整理最终获得了 1 380 个住宅小区数据完备的样本，其中，轨道交通一号线周边样本 604 个，轨道交通二号线周边样本 776 个。数据处理和模型估计工作采用 ArcGIS 和 Stata 11 软件完成。

四、描述性统计

为了解回归分析解释变量与被解释变量选取是否合理，以及特征价格模型中的各组特征变量能否恰当地反映房地产属性，本章对二手房交易回归模

型的样本变量进行描述性统计分析，并将结果分别列示于表 4 – 2、表 4 – 3
和表 4 – 4 中。其中，表 4 – 2 为被解释变量与解释变量的统计结果，表 4 – 3
为房地产建筑特征与邻里特征的统计结果，表 4 – 4 列示了房地产区位特征
和区域特征的统计结果。

表 4 – 2　　　　　主要变量描述性统计（二手房交易样本）

变量名及符号	均值	最小值	中位数	最大值	标准差
二手房每平方米价格 Price（对数形式）	9.271	8.501	9.253	10.4837	0.252
小区到轨道交通站点距离 D_sub（对数形式）	6.492	3.401	6.521	8.006	0.804
距离站点 200 米以内 D_sub200	0.091	0.000	0.000	1.000	0.287
距离站点 200 ~ 400 米 D_sub400	0.115	0.000	0.000	1.000	0.320
距离站点 400 ~ 600 米 D_sub600	0.236	0.000	0.000	1.000	0.425
距离站点 600 ~ 800 米 D_sub800	0.129	0.000	0.000	1.000	0.335
距离站点 800 ~ 1 000 米 D_sub1000	0.126	0.000	0.000	1.000	0.332
距离站点 1 000 ~ 1 200 米 D_sub1200	0.118	0.000	0.000	1.000	0.323

表 4 – 3　　　建筑特征与邻里特征变量的描述性统计（二手房交易样本）

变量名及符号	均值	最小值	中位数	最大值	标准差
小区楼龄（Year）	1.997	0.000	2.079	3.295	0.641
小区面积（Areas）	4.563	0.200	1.930	19.120	6.579
容积率（Plate）	2.987	0.800	2.580	6.300	1.608
绿化率（Green）	0.348	0.100	0.335	0.640	0.166
停车比率（Car）	0.679	0.000	0.350	6.800	3.124
商店（Shop）	0.697	0.000	1.000	1.000	0.459
幼儿园（Kinder）	0.425	0.000	0.000	1.000	0.496
场所（Place）	0.377	0.000	0.000	1.000	0.484
公交线（Bus）	8.584	0.000	8.000	35.000	5.430
商场（Market）	0.702	0.000	1.000	1.000	0.457
小学（Primary）	0.812	0.000	1.000	1.000	0.390
中学（Middle）	0.724	0.000	1.000	1.000	0.446
大学（University）	0.501	0.000	1.000	1.000	0.500
医院（Hospital）	0.820	0.000	1.000	1.000	0.383
公园（Park）	0.528	0.000	1.000	1.000	0.499
景区（Scenic）	0.424	0.000	0.000	1.000	0.494

表4-4　　区位特征和区域特征变量的描述性统计（二手房样本）

变量名及符号	均值	最小值	中位数	最大值	标准差
到市中心距离（Center）	76.039	5.610	68.000	179.000	43.257
到分中心距离（Sub center）	52.952	3.200	47.000	158.000	35.852
到主干道距离（Main road）	6.749	0.000	1.670	92.000	17.389
是否在二环线内（Second）	0.520	0.000	1.000	1.000	0.499
是否在三环线外（Third）	0.184	0.000	0.000	1.000	0.388
江岸区（JA）	0.184	0.000	0.000	1.000	0.388
江汉区（JH）	0.192	0.000	0.000	1.000	0.394
硚口区（QK）	0.173	0.000	0.000	1.000	0.378
武昌区（WC）	0.110	0.000	0.000	1.000	0.313
洪山区（HS）	0.157	0.000	0.000	1.000	0.363
东西湖区（DXH）	0.181	0.000	0.000	1.000	0.385

由表4-2可知二手房每平方米交易价格与住宅小区到地铁站距离为连续变量，其均值和中位数非常接近（分别为9.271和9.253/6.492和6.521）表明这两组数据的集中趋势和分布状况较为合理。其余的解释变量均为虚拟变量，反映住宅小区是否位于距离地铁站多少米范围内。由该组变量的均值可知，地铁站400~600米范围内的二手房交易量最高，其次是600~800米范围内，而距离地铁站200米范围内的二手房成交量是最低的。这与潘（Pan，2012）对休斯敦轻轨线研究结论相一致，表明房产距离地铁站太近，会受到人流过大以及噪声污染等影响，不利于二手房交易。

表4-3为样本建筑特征与邻里特征的统计结果，其中，小区楼龄、小区面积、容积率、绿化率、停车比率和公交线为连续变量，其余变量为虚拟变量，表明住宅小区周边800米范围内是否配套该设施。观察表4-3的中位数可知，武汉市的房地产布局较为合理，绝大多数住宅小区周围都设有商场、小学、中学、医院和公园，且小区周边的公交线路平均达到8条。只有小区的车位设置比较不合理，大多数小区严重缺乏停车位（停车比率的中位数只有0.35），这应该是由于二手房交易样本的建筑年代较为久远，没有预计到我国家庭汽车保有量大幅增长。

表4-4为房地产区位特征和区域特征的统计结果。其中，到市中心距

离、分中心距离和主干道距离为连续变量，以 100 米为单位。是否在二环线内、是否在三环线外和属于哪个行政区均为虚拟变量。由二环线内和三环线外变量的均值和中位数可知，研究样本的分布较为合理，平均分布在武汉市二环线内外（二环线内的均值为 0.52）。而处于三环线外的样本较少，这应该是由于武汉市三环线外大多属于郊区，且大多数行政区都在三环线内，只有东西湖区地处三环线外，发展较好。由各行政区变量的均值可知，样本在各行政区的分布较平均，只有武昌区的二手房交易样本较少，这是由于武昌区属于老城区，受历史文化和地理区位影响不利于房地产业的发展。

第三节　实证结果分析与讨论

一、回归结果分析

（一）方差膨胀因子检验

使用特征价格模型的过程中，为避免二手房交易样本的各特征变量之间可能存在的多重共线性现象（multicollinearity），本章通过计算各特征变量的方差膨胀因子（variance inflation factor，VIF）来识别哪些变量导致多重共线性的产生，并将其从特征价格模型中排除。

多重共线性（multicollinearity）是指线性回归模型中的解释变量之间由于存在精确相关关系或高度相关关系而使模型估计失真或难以准确估计，方差膨胀因子（VIF）是测度多重共线性的常用指数，VIF 越大，显示共线性越严重。经验判断方法表明：当 $0 < VIF < 10$，不存在多重共线性；当 $10 \leqslant VIF < 100$，存在较强的多重共线性；当 $VIF \geqslant 100$，存在严重的多重共线性。

根据 VIF 指标，研究排除"住宅距离城市主中心距离""停车比率""各行政区"三个特征变量，其中，"住宅距离城市主中心距离"和"住宅距离城市次中心距离"两个变量存在共线性，我们选择保留"住宅距离城市次中心距离"是由于武汉市属于超大型城市，且前身是由武昌、汉口和汉阳三座老城合并而成，因此其老城区本来就分属三地，选用到城市次中心距离更为合理。此外，区位变量中各行政区变量与房地产属于二环线内或三环线外的虚拟变量存在较强的共线性。这是由于武汉市各环线与行政区边界重合，比如青山区整体处于二环线外，东西湖区整体处于三环线外，而像武昌区、江汉区、江岸区这样的老城区则大部分处于二环线内。因此本章研究保留环线变量，去除各行政区变量。

（二）住房基础特征价格模型的计量结果（OLS）

由表4-5可知，模型（1）和模型（2）均通过 F 检验且显著性水平为1%，表明两个模型都整体有效。其拟合优度和调整拟合优度均在0.59以上，反映出模型的自变量选择较恰当，样本拟合度较高。观察模型（1）和模型（2）中各变量的方差膨胀因子（VIF），VIF 最高值为4.9（均小于10），表明回归模型较为合理，不存在严重的多重共线性。由模型（1）可知，住宅小区到轨道交通站点的距离（D_sub）与二手房交易价格在1%的水平上显著负相关。该结论与大多数学者的研究结论相一致，反映出住宅小区距离站点越近，其二手房交易价格越高。模型（2）中用来反映住宅小区距离轨道交通站点多少米范围内的解释变量均为虚拟变量，为避免虚拟变量陷阱，回归模型将距离站点周边1 200 米范围外的二手房交易样本设为参照物。根据模型（2）的回归结果，D_sub200、D_sub400、D_sub600 与二手房价在1%的水平上显著正相关，而 D_sub800、D_sub1000、D_sub1200 没有通过 T 检验与二手房价不存在显著性关系。这表明轨道交通对二手房交易价格的有效影响范围为站点周边600米范围内。此外，观察各解释变量的系数发现，距离地铁站越近，二手房价的溢价效应就越强（D_sub200 的系数最高为0.0827，其余解释变量系数依次降低）。

表4-5　　　　轨道交通周边二手房溢价效应的 OLS 回归结果

变量	模型（1）		模型（2）	
	（Price）	VIF	（Price）	VIF
D_sub	-0.0331 *** (0.0610)	4.86		
D_sub200			0.0827 *** (0.0189)	1.72

续表

变量	模型（1）		模型（2）	
	（Price）	VIF	（Price）	VIF
D_sub400			0.0578 *** (0.0177)	1.84
D_sub600			0.0415 *** (0.0150)	2.20
D_sub800			−0.0031 (0.0170)	1.80
D_sub1000			0.0253 (0.0163)	1.68
D_sub1200			−0.0326 (0.0165)	1.66
Year	−0.1040 *** (0.0750)	1.28	−0.1059 *** (0.0075)	1.30
Areas	0.0283 *** (0.0007)	1.41	0.0031 *** (0.0007)	1.45
Plate	0.0050 (0.0030)	1.36	0.0038 (0.0030)	1.38
Green	0.0179 (0.0258)	1.07	0.0262 (0.0261)	1.10
Shop	0.0382 *** (0.0106)	1.32	0.0391 *** (0.0107)	1.35
Kinder	−0.0045 (0.0100)	1.36	−0.0086 (0.0101)	1.40
Place	0.0087 (0.0098)	1.26	0.0090 (0.0099)	1.28
Bus	0.0024 *** (0.0008)	1.30	0.0022 *** (0.0008)	1.31
Market	0.0190 * (0.0105)	1.28	0.0195 ** (0.0106)	1.31
Primary	0.0094 (0.0126)	1.38	0.0112 (0.0126)	1.39
Middle	−0.0027 (0.0112)	1.39	−0.0044 (0.0111)	1.40
University	0.0298 *** (0.0093)	1.19	0.0296 *** (0.0093)	1.22

变量	模型（1）		模型（2）	
	（Price）	VIF	（Price）	VIF
Hospital	−0.0224 * （0.0128）	1.32	−0.0185 （0.0130）	1.38
Park	−0.0016 （0.0092）	1.18	−0.0016 （0.0092）	1.19
Scenic	0.0240 *** （0.0092）	1.16	0.0262 *** （0.0093）	1.19
Sub center	−0.0008 *** （0.0002）	4.86	−0.0009 *** （0.0002）	4.90
Main road	0.0015 *** （0.0003）	1.94	0.0015 *** （0.0003）	1.85
Second	0.1781 *** （0.0155）	3.33	0.1656 *** （0.0157）	3.44
Third	−0.1765 *** （0.0190）	3.05	−0.1743 *** （0.0191）	3.10
Year2014	0.0639 *** （0.0120）	1.50	0.0639 *** （0.0119）	1.50
Year2015	0.0938 *** （0.0120）	1.50	0.0938 *** （0.0119）	1.50
Year2016	0.1812 *** （0.0120）	1.50	0.1812 *** （0.0119）	1.50
_cons	9.4665 *** （0.0522）		9.2402 *** （0.0348）	
F 值	90.15		75.53	
F 检验 p 值	0.0000		0.0000	
R^2	0.6046		0.6102	
调整 R^2	0.5979		0.6021	
N	1 380		1 380	

注：括号内的值为标准误；***、**和*分别表示在1%、5%和10%水平上显著。

此外，观察比较模型（1）和模型（2）各控制变量的回归结果，其显著性水平基本一致。其中，二手房楼龄、距离小区800米范围内是否有医院、到城市次中心距离和房地产是否处于三环线以外与二手房价显著负相关，表明这四个特征变量对二手房房价有负面影响。该结论较为合理，虽然我国商品房所有权的期限为永久，然而住宅用地的土地使用权最高年限只有70年。因此，房屋楼龄越高剩余的土地使用权年限就越短，二手房的交易价格就越低。此外，Sub center 和 Third 都表明距离中心城区越远，房地产价格越低。医院对周边的住宅小区房价有负面影响，徐涛等（2016）得出了相似结论，这与中国传统文化相符。

（三）多层特征价格模型计量结果（Multilevel）

正如前面所提到的，普通最小二乘法的特征价格模型可能存在潜在的空间和时间自相关问题，采用多层模型估计方法可以改善单层回归的估计和分析结果（杨菊华，2016）。为此，本章采用多层线性回归模型分别研究了住宅小区到轨道交通站点的距离与二手房每平方米交易价格的关系，以及轨道交通站点对周边多少米范围内的住宅会产生显著影响。其回归分析结果依次反映在表 4-6 中的模型（3）和模型（4）中。

表 4-6　　　　轨道交通周边二手房溢价效应的多层模型回归结果

变量	模型（3）		模型（4）	
	（Price）	标准误	（Price）	标准误
D_sub	− 0. 0349 ***	0. 0061		
D_sub200			0. 0854 ***	0. 0193
D_sub400			0. 0602 ***	0. 0178
D_sub600			0. 0433 ***	0. 0151
D_sub800			− 0. 0026	0. 0171
D_sub1000			0. 0249	0. 0164
D_sub1200			− 0. 0328	0. 0166
Year	− 0. 1044 ***	0. 0074	− 0. 1064 ***	0. 0074
Areas	0. 0028 ***	0. 0007	0. 0031 ***	0. 0007
Plate	0. 0040	0. 0030	0. 0028	0. 0030
Green	0. 0230	0. 0257	0. 0312	0. 0260
Shop	0. 0363 ***	0. 0106	0. 0371 ***	0. 0107
Kinder	− 0. 0058	0. 0101	− 0. 0099	0. 0102
Place	0. 0144	0. 0099	0. 0146	0. 0100
Bus	0. 0020 **	0. 0008	0. 0018 **	0. 0008
Market	0. 0186 *	0. 0105	0. 0194 **	0. 0106

变量	模型（3）		模型（4）	
	（Price）	标准误	（Price）	标准误
Primary	0.0078	0.0126	0.0096	0.0126
Middle	− 0.0056	0.0112	− 0.0073	0.0112
University	0.0305 ***	0.0095	0.0307 ***	0.0096
Hospital	− 0.0253 **	0.0128	− 0.0211	0.0130
Park	− 0.0016	0.0092	− 0.0000	0.0092
Scenic	0.0264 ***	0.0092	0.0286 ***	0.0093
Sub center	− 0.0011 ***	0.0002	− 0.0012 ***	0.0002
Main road	0.0014 ***	0.0003	0.0014 ***	0.0003
Second	0.1604 ***	0.0173	0.1469 ***	0.0174
Third	− 0.1272 ***	0.0351	− 0.1283 ***	0.0344
COH	0.0287 ***	0.0023	0.0287 ***	0.0023
_cons	9.5616 ***	0.0567	9.3240 ***	0.0385
Wald chi2 （21/26）	1 100.12		1 134.76	
Prob > chi2	0.0000		0.0000	
LR test	12.82		12.60	
Prob > chi2	0.0050		0.0056	
Random − effects Parameters：				
Sd （COH）	0.0033	0.0032	0.0033	0.0032
Sd （_Cons）	0.0288	0.0154	0.0278	0.0144
corr （COH, _cons）	0.0966	0.9420	0.1157	0.9378
Sd （Residual）	0.1573	0.0030	0.1565	0.0030
N	1 380		1 380	

注：*** 、 ** 和 * 分别表示在1%、5%和10%水平上显著。

似然比检验（LR test）是用来评估两个模型中哪个模型更适合当前数据分析。观察表4-6中模型（3）和模型（4）的 LR test 可知，多层模型显著优于基础 OLS 模型，说明区域效应和时间效应显著存在，证实了该面板样本确实存在空间和时间自相关问题。然而，从多层模型的计量结果看，所有变量的回归系数与显著性水平和 OLS 计量结果基本一致，说明虽然存在空间自相关和时间自相关问题，但基础 OLS 模型估计结果仍然是稳健且无偏的。

二、稳健性检验

为检验本章回归分析结论的可靠性，本节通过改变研究样本范围来进行稳健性测试，运用武汉市轨道交通二号线周边的二手房交易样本来重复之前的回归分析。武汉市轨道交通二号线是武汉市首条地铁线，也是我国首条穿越长江的地铁，其全长 27.7 千米，日客流量可达 50 万人次，承担了武汉市 50% 的公交过江交通客运量。此外，轨道交通二号线还连接了几个武汉市分中心，如光谷广场、省政府所在地洪山广场、江汉路和中山公园。因此，轨道交通二号线周边样本也能很好地反映武汉市轨道交通对二手房价格的影响。表 4-7 中模型（5）和模型（6）列示着运用最小二乘法的特征价格模型进行回归分析的结果，表 4-8 中模型（7）和模型（8）列示着运用多层模型进行回归分析的结果。观察表 4-7 和表 4-8 可知，轨道交通二号线样本回归结果与表 4-5 和表 4-6 的结论基本一致，即二手房距离站点越近房价越高，地铁对二手房价格的有效影响范围为 600 米。故本章的研究结论具有稳健性。

特别需要说明的是，从溢价强度来看，轨道交通二号线的样本的溢价指数高于总样本（轨道交通一号线和轨道交通二号线样本）。这可能是因为轨道交通一号线建设运营较早，站点建设与城市开发缺乏互动，未形成站点周边土地的高密度开发。在借鉴一号线开发经验的基础上，对轨道交通二号线建设之前，就开发布局进行了详细的规划，最大限度地开发土地资源，集约利用土地。因此，轨道交通二号线的溢价指数更高。

表 4-7　　　　　　　**轨道交通周边二手房溢价效应 OLS 稳健性检验**

变量	模型（5）		模型（6）	
	（Price）	VIF	（Price）	VIF
D_sub	-0.0396 *** (0.0086)	1.48		
D_sub200			0.0901 *** (0.0278)	1.61
D_sub400			0.1217 *** (0.0240)	1.65

变量	模型（5）		模型（6）	
	（Price）	VIF	（Price）	VIF
D_sub600			0.0626 *** （0.0195）	2.28
D_sub800			−0.0213 （0.0211）	2.10
D_sub1000			0.0304 （0.0215）	1.87
D_sub1200			−0.0157 （0.0199）	1.87
Year	−0.0999 *** （0.0092）	1.28	−0.1017 *** （0.0093）	1.36
Areas	0.0013 *** （0.0008）	1.53	0.0017 *** （0.0008）	1.57
Plate	0.0008 （0.0037）	1.56	0.0004 （0.0038）	1.62
Green	0.3099 （0.0973）	1.26	0.3045 （0.0966）	1.27
Shop	0.0386 *** （0.0134）	1.42	0.0328 *** （0.0136）	1.51
Kinder	−0.0193 （0.0137）	1.61	−0.0223 （0.0139）	1.69
Place	0.0102 （0.0132）	1.42	0.0087 （0.0132）	1.45
Bus	0.0055 *** （0.0013）	1.29	0.0052 *** （0.0013）	1.34
Market	0.0042 * （0.0135）	1.44	0.0053 ** （0.0140）	1.58
Primary	−0.0238 （0.0152）	1.53	0.0246 （0.0153）	1.57
Middle	−0.0044 （0.0136）	1.50	−0.0057 （0.0135）	1.51

续表

变量	模型（5）		模型（6）	
	（Price）	VIF	（Price）	VIF
University	0. 0075 *** （0. 0116）	1. 19	0. 0089 *** （0. 0116）	1. 21
Hospital	− 0. 0048 * （0. 0155）	1. 49	− 0. 0020 （0. 0156）	1. 54
Park	− 0. 0303 （0. 0115）	1. 17	− 0. 0297 （0. 0114）	1. 18
Scenic	0. 0463 *** （0. 0120）	1. 26	0. 0496 *** （0. 0122）	1. 32
Sub center	− 0. 0009 *** （0. 0004）	6. 29	− 0. 0001 *** （0. 0004）	6. 64
Main road	0. 0020 *** （0. 0003）	2. 29	0. 0019 *** （0. 0003）	2. 30
Second	0. 2181 *** （0. 0233）	4. 79	0. 2063 *** （0. 0243）	5. 33
Third	− 0. 2248 *** （0. 0250）	3. 67	− 0. 2108 *** （0. 0252）	3. 80
Year2014	0. 0488 *** （0. 0150）	1. 50	0. 0488 *** （0. 0149）	1. 50
Year2015	0. 0779 *** （0. 0150）	1. 50	0. 0779 *** （0. 0149）	1. 50
Year2016	0. 1722 *** （0. 0150）	1. 50	0. 1722 *** （0. 0149）	1. 50
_cons	9. 3853 *** （0. 0764）		9. 1023 *** （0. 0590）	
F 值	52. 99		45. 26	
F 检验 p 值	0. 0000		0. 0000	
R^2	0. 6184		0. 6291	
调整 R^2	0. 6067		0. 6152	
N	776		776	

注：括号内的值为标准误；*** 、** 和 * 分别表示在1%、5%和10%水平上显著。

表 4 - 8　　　　　**轨道交通周边二手房溢价效应多层模型稳健性检验**

变量	模型（7）		模型（8）	
	（Price）	标准误	（Price）	标准误
D_sub	- 0. 0390 ***	0. 0086		
D_sub200			0. 0727 **	0. 0281
D_sub400			0. 1186 ***	0. 0242
D_sub600			0. 0517 **	0. 0201
D_sub800			0. 0184	0. 0211
D_sub1000			0. 0135	0. 0218
D_sub1200			- 0. 0321	0. 0202
Year	- 0. 1017 ***	0. 0091	- 0. 1045 ***	0. 0092
Areas	0. 0015 *	0. 0008	0. 0018 **	0. 0008
Plate	0. 0004	0. 0037	0. 0002	0. 0037
Green	0. 3414 ***	0. 0969	0. 3247 ***	0. 0961
Shop	0. 0431 ***	0. 0132	0. 0376 ***	0. 0135
Kinder	- 0. 0297 **	0. 0136	0. 0356 **	0. 0139
Place	- 0. 0135	0. 0131	- 0. 0124	0. 0131
Bus	0. 0045 ***	0. 0013	0. 0042 ***	0. 0013
Market	0. 0052	0. 0136	0. 0100	0. 0141
Primary	- 0. 0211	0. 0152	- 0. 0218	0. 0153
Middle	- 0. 0090	0. 0140	- 0. 0114	0. 0139
University	0. 0229 *	0. 0123	0. 0294 **	0. 0124
Hospital	- 0. 0066	0. 0156	- 0. 0022	0. 0157
Park	- 0. 0307 ***	0. 0115	- 0. 0314 ***	0. 0115
Scenic	0. 0472 ***	0. 0119	0. 0533 ***	0. 0121
Sub center	0. 0001	0. 0004	0. 0002	0. 0004
Main road	0. 0020 ***	0. 0003	0. 0019 ***	0. 0003
Second	0. 2196 ***	0. 0254	0. 1986 ***	0. 0262
Third	- 0. 1397 **	0. 0523	- 0. 1042 **	0. 0575
COH	0. 0273 ***	0. 0026	0. 0274 ***	0. 0026
_cons	9. 3928 ***	0. 0816	517. 13	
Wald chi2（21/26）	602. 05		627. 19	
Prob > chi2	0. 0000		0. 0000	
LR test	15. 70		17. 61	

续表

变量	模型 (7)		模型 (8)	
	(Price)	标准误	(Price)	标准误
Prob > chi2	0.0013		0.0005	
Random – effects Parameters:				
Sd (COH)	0.0025	0.0052	0.0027	0.0047
Sd (_Cons)	0.0561	0.0564	0.0692	0.0498
corr (COH, _cons)	– 0.2271	1.3030	– 0.0171	1.0165
Sd (Residual)	0.1466	0.0038	0.1446	0.0037
N	776		776	

注: *** 、** 和 * 分别表示在 1% 、5% 和 10% 水平上显著。

三、武汉市轨道交通溢价规模试算

根据表 4 – 6 多层模型回归结果。模型 (3) 和模型 (4) 均通过了似然比检验, 说明多层模型的结果更加稳健有效。由模型 (4) 解释变量的显著性水平和回归系数可知, 轨道交通对周边住宅小区的影响范围为 600 米, 且各圈层的溢价指数由内向外逐渐降低。根据支付意愿公式 (Mi, 2014):

$$WTP = [\exp(\beta_2) - 1]P$$

通过试算, 可以得到轨道交通站点周边 0 ~ 200 米、200 ~ 400 米、400 ~ 600 米范围内的住宅小区的平均交易价格比影响范围外的住宅小区分别高出 8.54% 、6.02% 和 4.33% , 分别折合 980 元/平方米、681 元/平方米和 486 元/平方米。平均而言, 600 米范围内的住宅小区均价比影响范围外的住宅小区高出 6.29% , 折合 716 元/平方米。

2014 ~ 2020 年武汉市轨道交通里程共增加了 173.5 千米, 以沿线周边 500 米半径作为规划范围, 规划范围内总用地规模为 316.11 平方千米。其中, 居住用地面积为 57.92 平方千米, 占城市建设用地面积的 25.35% 。

容积率是指一个小区的地上总建筑面积与用地面积的比率, 用来衡量住宅开发强度。由于缺乏规划范围内住宅小区容积率的数据, 本书根据研究样本原始数据, 以轨道交通一号线和二号线影响圈内住宅小区平均容积率

（3.08）为参考，进而推算出新增轨道交通线路周边 500 米辐射范围内未来将增加的住宅建筑面积约为 1.784 亿平方米。通过轨道交通影响圈内外的房价差乘上新建住宅建筑面积，就得到站点影响范围内的房产增值，即轨道交通的开发溢价规模。若以目前轨道交通一号线和二号线的溢价规模 716 元/平方米为参考，那么新建线路的轨道交通开发溢价将达到 1 277.3 亿元。

第四节　进一步研究：城市轨道交通对高中低端二手房市场的影响

为了进一步研究城市轨道交通对不同档次的房地产市场的影响是否存在差异，本节借鉴黄静和石薇（2015）的研究方法，采用分位数回归法来实证分析城市轨道交通对高中低端房地产市场的影响，探索其差异性和规律性。

一、分位数回归法

分位数回归（quantile regression）：一种确定回归变量，估计相应变量在不同分位数下的变化趋势的实证方法，它利用解释变量的多个分位数（例如四分位、五分位、十分位等）来得到被解释变量的条件分布的相应的分位数方程。相对于传统的最小二乘法（OLS）是代表均值回归，分位数回归能够更好地描述变量的分布中心、上尾和下尾的影响，尤其是针对厚尾分布的经济数据提供大量有用信息（Yiming，2015）。

与传统的 OLS 相比，分位数回归法在以下四个方面存在优势：第一，分位数回归并不限定模型中的随机干扰项的分布情况，当干扰项属于非正态分布时，分位数回归的估计结果可能比 OLS 更为有效。第二，当模型具有异方差性时，分位数回归能够得到更好的结果。第三，区别于 OLS 使误差平方和最小得到参数的估计，分位数回归是使加权误差绝对值之和最小来得到参数估计。这样的估计量更具有稳健性，不容易受异常值的影响。第四，相对于最小二乘法只能拟合出一条曲线，分位数回归能够拟合一组曲线，当解释变量对不同部分的被解释变量的分布影响存在差异时，可以更加全面地反映条件分布的大体特征。

综上所述，由于房地产交易价格呈现分布不对称、厚尾等特征，分位数回归能够提供更加详尽的信息，具有明显优势。为此，本节将使用分位数回归法来研究城市轨道交通对高中低端二手房市场的影响。

二、分位数回归结果分析

根据黄静和石薇（2015）所运用的实证研究方法，结合上一节中的特征价格模型分别研究住宅小区到站点距离与二手房每平方米交易价格的关系，以及轨道交通对周边住宅小区的影响范围。各回归分析结果依次反映在表4－9和表4－10中，其中分位数选取20%、40%、60%和80%分位点。由表4－9中各分位数回归结果可知，住宅小区到站点距离（D_sub）与二手房价格显著负相关，特别值得注意的是，80%分位数模型的D_sub回归系数为－0.015，明显低于其他分位数回归系数，且其显著性水平为5%，而其他分位数回归的显著性水平为1%。该结论与孙伟增等（2015）的实证结果基本一致，表明城市轨道交通所带来的可达性的提高对中低端房地产价格的影响程度更高，高端住宅小区的居民可能更多选择私家车作为出行方式，而并不十分关注城市轨道交通。此外，该观点也可从公交线变量（Bus）的回归结果得到佐证。在20%和40%分位数回归中，公交线（Bus）与二手房价格显著正相关，表明房地产周边的公交线越多，其房地产价格越高。而在60%和80%分位数回归中，公交线（Bus）没有通过T检验，与二手房价不存在显著性关系。这也反映出高端小区居民并不十分关注公共交通工具。观察表4－10的各分位数回归结果，20%和40%分位数回归中，轨道交通对站点周边600米范围内的二手房价格存在显著的正向关系；而在60%分位数回归中，轨道交通对站点周边的房地产价格的影响范围变为400米内；在80%分位数回归中，二手房价格（Price）与D_sub200显著性水平下降至5%，影响范围缩小至200米。该结论与表4－9中的结论保持一致，表明城市轨道交通对中低端房地产市场的影响范围较大，为站点周边600米范围内；而高端住宅小区居民较少依赖城市公共交通，轨道交通对该类房产价格的影响范围也逐渐变小。

表 4 - 9　　　　　　轨道交通对周边二手房溢价效应分位数回归结果

变量	q20 (Price)	q40 (Price)	q60 (Price)	q80 (Price)
D_sub	- 0. 0372 *** (0. 0092)	- 0. 0395 *** (0. 0057)	- 0. 0365 *** (0. 0056)	- 0. 0150 ** (0. 0064)
Year	- 0. 0787 *** (0. 0108)	- 0. 1054 *** (0. 0069)	- 0. 1062 *** (0. 0094)	- 0. 1220 *** (0. 0117)
Areas	0. 0033 *** (0. 0008)	0. 0025 *** (0. 0005)	0. 0027 *** (0. 0008)	0. 0018 * (0. 0011)
Plate	0. 0058 (0. 0050)	0. 0059 ** (0. 0026)	0. 0073 (0. 0041)	0. 0116 (0. 0072)
Green	0. 0128 (0. 0107)	0. 0122 (0. 0105)	0. 0050 (0. 0143)	- 0. 0238 (0. 0229)
Shop	0. 0330 ** (0. 0167)	0. 0363 *** (0. 0128)	0. 0412 *** (0. 0132)	0. 0563 *** (0. 0169)
Kinder	- 0. 0036 (0. 0151)	0. 0012 (0. 0078)	- 0. 0027 (0. 0122)	- 0. 0244 * (0. 0129)
Place	- 0. 0021 (0. 0128)	0. 0034 (0. 0090)	- 0. 0051 (0. 0083)	0. 0143 (0. 0171)
Bus	0. 0026 *** (0. 0010)	0. 0022 *** (0. 0005)	0. 0016 (0. 0008)	0. 0013 (0. 0013)
Market	0. 0246 * (0. 0147)	- 0. 0026 (0. 0118)	- 0. 0030 (0. 0107)	0. 0181 (0. 0122)
Primary	0. 0039 (0. 0190)	0. 0047 (0. 0172)	0. 0029 (0. 0149)	0. 0002 (0. 0119)
Middle	- 0. 0092 (0. 0125)	- 0. 0142 (0. 0115)	- 0. 0006 (0. 0113)	0. 0187 (0. 0158)
University	- 0. 0015 (0. 0121)	0. 0166 * (0. 0089)	0. 0125 (0. 0125)	0. 0202 (0. 0170)
Hospital	- 0. 0203 0. 0192	- 0. 0183 0. 0159	- 0. 0319 ** (0. 0136)	- 0. 0063 (0. 0143)

续表

变量	q20 （Price）	q40 （Price）	q60 （Price）	q80 （Price）
Park	0.0210 （0.0124）	0.0151 （0.0115）	0.0152 * （0.0088）	− 0.0154 （0.0143）
Scenic	− 0.0017 （0.0134）	0.0064 （0.0098）	0.0056 （0.0114）	0.0396 ** （0.0196）
Sub center	− 0.0012 *** （0.0002）	− 0.0012 *** （0.0031）	− 0.0012 *** （0.0002）	− 0.0011 *** （0.0003）
Main road	0.0013 *** （0.0003）	0.0012 *** （0.0003）	0.0009 *** （0.0003）	0.0013 *** （0.0004）
Second	0.1146 *** （0.0174）	0.1364 *** （0.0193）	0.1632 *** （0.0138）	0.2107 *** （0.0233）
Third	− 0.1665 *** （0.0247）	− 0.1722 *** （0.0245）	− 0.1536 *** （0.0204）	− 0.1187 *** （0.0244）
Year2014	0.0573 *** （0.0155）	0.0705 *** （0.0126）	0.0618 *** （0.0115）	0.0540 *** （0.0135）
Year2015	0.1020 *** （0.0180）	0.0952 *** （0.0078）	0.0807 *** （0.0103）	0.0767 *** （0.0113）
Year2016	0.1683 *** （0.0116）	0.1715 *** （0.0142）	0.1569 *** （0.0117）	0.1757 *** （0.0173）
_cons	9.3992 *** （0.0745）	9.5483 *** （0.0491）	9.5967 *** （0.0314）	9.4867 *** （0.0684）
Pseudo R^2	0.3862	0.4093	0.4088	0.3968

注：括号内的值为标准误；*** 、** 和 * 分别表示在1%、5%和10%水平上显著。

表4−10　　　　轨道交通周边二手房溢价范围的分位数回归结果

变量	q20 （Price）	q40 （Price）	q60 （Price）	q80 （Price）
D_sub200	0.0853 *** （0.0254）	0.1067 *** （0.0198）	0.0907 *** （0.0158）	0.0395 ** （0.0155）
D_sub400	0.0569 （0.0365）	0.0643 *** （0.0233）	0.0486 ** （0.0209）	0.0443 （0.0289）

变量	q20	q40	q60	q80
	（Price）	（Price）	（Price）	（Price）
D_sub600	0.0537 * （0.0277）	0.0475 *** （0.0180）	0.0270 （0.0217）	0.0109 （0.0193）
D_sub800	− 0.0157 （0.0277）	− 0.0155 （0.0178）	− 0.0131 （0.0275）	− 0.0109 （0.0279）
D_sub1000	0.0538 （0.0214）	0.0379 ** （0.0168）	− 0.0031 （0.0184）	0.0042 （0.0270）
D_sub1200	− 0.0179 （0.0176）	− 0.0036 （0.0127）	− 0.0301 （0.0182）	− 0.0528 （0.0270）
Year	− 0.0794 *** （0.0141）	− 0.1056 *** （0.0086）	− 0.1131 *** （0.0098）	− 0.1158 *** （0.0141）
Areas	0.0045 *** （0.0009）	0.0025 *** （0.0008）	0.0016 * （0.0009）	0.0024 （0.0016）
Plate	0.0043 （0.0052）	0.0034 （0.0039）	0.0064 （0.0063）	0.0107 （0.0089）
Green	0.0367 （0.1099）	0.0320 （0.0717）	0.0017 （0.0999）	− 0.0140 （0.1147）
Shop	0.0418 ** （0.0176）	0.0357 ** （0.0138）	0.0396 *** （0.0110）	0.0513 *** （0.0142）
Kinder	− 0.0216 （0.0135）	− 0.0101 （0.0098）	0.0075 （0.0115）	− 0.0176 （0.0146）
Place	0.0003 （0.0152）	0.0043 （0.0111）	0.0049 （0.0100）	0.0183 （0.0141）
Bus	0.0038 *** （0.0010）	0.0022 *** （0.0007）	0.0012 （0.0011）	0.0016 （0.0015）
Market	0.0257 * （0.0134）	0.0072 （0.0099）	0.0029 （0.0116）	0.0138 * （0.0145）
Primary	0.0200 （0.0171）	0.0084 （0.0150）	− 0.0043 （0.0155）	− 0.0011 （0.0164）

续表

变量	q20 (Price)	q40 (Price)	q60 (Price)	q80 (Price)
Middle	− 0. 0141 (0. 0157)	− 0. 0138 (0. 0159)	− 0. 0034 (0. 0137)	0. 0130 (0. 0164)
University	0. 0043 (0. 0096)	0. 0202 * (0. 0118)	0. 0098 (0. 0114)	0. 0272 * (0. 0149)
Hospital	− 0. 0122 (0. 0157)	− 0. 0184 * (0. 0103)	− 0. 0143 (0. 0171)	− 0. 0035 (0. 0207)
Park	− 0. 0162 (0. 0123)	0. 0114 (0. 0087)	− 0. 0128 (0. 0114)	− 0. 0087 (0. 0103)
Scenic	0. 0002 (0. 0120)	0. 0101 (0. 0100)	0. 0144 (0. 0143)	0. 0415 * (0. 0215)
Sub center	− 0. 0013 *** (0. 0003)	− 0. 0013 *** (0. 0002)	− 0. 0012 *** (0. 0002)	− 0. 0011 *** (0. 0004)
Main road	0. 0013 *** (0. 0004)	0. 0011 *** (0. 0003)	0. 0011 ** (0. 0004)	0. 0016 ** (0. 0008)
Second	0. 0883 *** (0. 0205)	0. 1287 *** (0. 0195)	0. 1582 *** (0. 0173)	0. 2069 *** (0. 0221)
Third	− 0. 1925 *** (0. 0317)	− 0. 1683 *** (0. 0165)	− 0. 1489 *** (0. 0154)	− 0. 1228 *** (0. 0338)
Year2014	0. 0577 *** (0. 0174)	0. 0730 *** (0. 0119)	0. 0591 *** (0. 0105)	0. 0556 *** (0. 0141)
Year2015	0. 1039 *** (0. 0182)	0. 1. 34 *** (0. 0111)	0. 0751 *** (0. 0104)	0. 0789 *** (0. 0125)
Year2016	0. 1688 *** (0. 0173)	0. 1736 *** (0. 0124)	0. 1581 *** (0. 0168)	0. 1877 *** (0. 0220)
_cons	9. 1192 *** (0. 0739)	9. 2589 *** (0. 0563)	9. 3576 *** (0. 0534)	9. 3594 *** (0. 0655)
Pseudo R^2	0. 3933	0. 4156	0. 4133	0. 4030

注：括号内的值为标准误；*** 、** 和 * 分别表示在1%、5%和10%水平上显著。

三、稳健性检验

为检验本节分位数回归分析结论的可靠性，我们通过改变研究样本范围来进行稳健性测试，运用武汉市轨道交通二号线周边的二手房交易样本来重复之前的分位数回归分析（样本量由原来的 1452 个变为 776 个）。此外，在分位数设置上也采用另一种常见的四分位法（即 25% 分位数、50% 分位数和 75% 分位数）来进行稳健性检验。其回归结果依次见表 4 - 11 和表 4 - 12。通过比较表 4 - 9 和表 4 - 11 可知，轨道交通对中高端的房地产市场的影响程度小于中低端房地产市场。通过观察表 4 - 12，我们发现轨道交通对中低端房地产市场的有效影响范围为 600 米以内，而对中高端房地产市场的影响范围缩小至 400 米以内。这与表 4 - 10 的研究结论基本一致，说明本节的研究结论具有稳健性。

表 4 - 11　　　轨道交通周边二手房溢价效应分位数回归稳健性检验

变量	q25		q50		q75	
	（Price）	标准误	（Price）	标准误	（Price）	标准误
D_sub	- 0.0372 ***	（0.0092）	- 0.0395 ***	（0.0057）	- 0.0365 ***	（0.0056）
Year	- 0.0787 ***	（0.0108）	- 0.1054 ***	（0.0069）	- 0.1062 ***	（0.0094）
Areas	0.0033 ***	（0.0008）	0.0025 ***	（0.0005）	0.0027 ***	（0.0008）
Plate	0.0058	（0.0050）	0.0059 **	（0.0026）	0.0073	（0.0041）
Green	0.0128	（0.0107）	0.0122	（0.0105）	0.0050	（0.0143）
Shop	0.0330 **	（0.0167）	0.0363 ***	（0.0128）	0.0412 ***	（0.0132）
Kinder	- 0.0036	（0.0151）	0.0012	（0.0078）	- 0.0027	（0.0122）
Place	- 0.0021	（0.0128）	0.0034	（0.0090）	- 0.0051	（0.0083）
Bus	0.0026 ***	（0.0010）	0.0022 ***	（0.0005）	0.0016	（0.0008）
Market	0.0246 *	（0.0147）	- 0.0026	（0.0118）	- 0.0030	（0.0107）
Primary	0.0039	（0.0190）	0.0047	（0.0172）	0.0029	（0.0149）
Middle	- 0.0092	（0.0125）	- 0.0142	（0.0115）	- 0.0006	（0.0113）
University	- 0.0015	（0.0121）	0.0166 *	（0.0089）	0.0125	（0.0125）
Hospital	- 0.0203	（0.0192）	- 0.0183	（0.0159）	- 0.0319 **	（0.0136）
Park	0.0210	（0.0124）	0.0151	（0.0115）	0.0152 *	（0.0088）

续表

变量	q25		q50		q75	
	（Price）	标准误	（Price）	标准误	（Price）	标准误
Scenic	−0.0017	(0.0134)	0.0064	(0.0098)	0.0056	(0.0114)
Sub center	−0.0012 ***	(0.0002)	−0.0012 ***	(0.0031)	−0.0012 ***	(0.0002)
Main road	0.0013 ***	(0.0003)	0.0012 ***	(0.0003)	0.0009 ***	(0.0003)
Second	0.1146 ***	(0.0174)	0.1364 ***	(0.0193)	0.1632 ***	(0.0138)
Third	−0.1665 ***	(0.0247)	−0.1722 ***	(0.0245)	−0.1536 ***	(0.0204)
Year2014	0.0573 ***	(0.0155)	0.0705 ***	(0.0126)	0.0618 ***	(0.0115)
Year2015	0.1020 ***	(0.0180)	0.0952 ***	(0.0078)	0.0807 ***	(0.0103)
Year2016	0.1683 ***	(0.0116)	0.1715 ***	(0.0142)	0.1569 ***	(0.0117)
_cons	9.3992 ***	(0.0745)	9.5483 ***	(0.0491)	9.5967 ***	(0.0314)
Pseudo R^2	0.3862		0.4093		0.4088	

注：*** 、** 和 * 分别表示在1%、5%和10%水平上显著。

表4－12 轨道交通对周边二手房溢价范围的稳健性检验

变量	q25		q50		q75	
	（Price）	标准误	（Price）	标准误	（Price）	标准误
D_sub200	0.0853 ***	(0.0254)	0.1067 ***	(0.0198)	0.0907 ***	(0.0158)
D_sub400	0.0569	(0.0365)	0.0643 ***	(0.0233)	0.0486 **	(0.0209)
D_sub600	0.0537 *	(0.0277)	0.0475 ***	(0.0180)	0.0270	(0.0217)
D_sub800	−0.0157	(0.0277)	−0.0155	(0.0178)	−0.0131	(0.0275)
D_sub1000	0.0538	(0.0214)	0.0379 **	(0.0168)	−0.0031	(0.0184)
D_sub1200	−0.0179	(0.0176)	−0.0036	(0.0127)	−0.0301	(0.0182)
Year	−0.0794 ***	(0.0141)	−0.1056 ***	(0.0086)	−0.1131 ***	(0.0098)
Areas	0.0045 ***	(0.0009)	0.0025 ***	(0.0008)	0.0016 *	(0.0009)
Plate	0.0043	(0.0052)	0.0034	(0.0039)	0.0064	(0.0063)
Green	0.0367	(0.1099)	0.0320	(0.0717)	0.0017	(0.0999)
Shop	0.0418 **	(0.0176)	0.0357 **	(0.0138)	0.0396 ***	(0.0110)
Kinder	−0.0216	(0.0135)	−0.0101	(0.0098)	0.0075	(0.0115)
Place	0.0003	(0.0152)	0.0043	(0.0111)	0.0049	(0.0100)
Bus	0.0038 ***	(0.0010)	0.0022 ***	(0.0007)	0.0012	(0.0011)
Market	0.0257 *	(0.0134)	0.0072	(0.0099)	0.0029	(0.0116)
Primary	0.0200	(0.0171)	0.0084	(0.0150)	−0.0043	(0.0155)

续表

变量	q25		q50		q75	
	（Price）	标准误	（Price）	标准误	（Price）	标准误
Middle	− 0. 0141	（0. 0157）	− 0. 0138	（0. 0159）	− 0. 0034	（0. 0137）
University	0. 0043	（0. 0096）	0. 0202 *	（0. 0118）	0. 0098	（0. 0114）
Hospital	− 0. 0122	（0. 0157）	− 0. 0184 *	（0. 0103）	− 0. 0143	（0. 0171）
Park	− 0. 0162	（0. 0123）	0. 0114	（0. 0087）	− 0. 0128	（0. 0114）
Scenic	0. 0002	（0. 0120）	0. 0101	（0. 0100）	0. 0144	（0. 0143）
Sub center	− 0. 0013 ***	（0. 0003）	− 0. 0013 ***	（0. 0002）	− 0. 0012 ***	（0. 0002）
Main road	0. 0013 ***	（0. 0004）	0. 0011 ***	（0. 0003）	0. 0011 **	（0. 0004）
Second	0. 0883 ***	（0. 0205）	0. 1287 ***	（0. 0195）	0. 1582 ***	（0. 0173）
Third	− 0. 1925 ***	（0. 0317）	− 0. 1683 ***	（0. 0165）	− 0. 1489 ***	（0. 0154）
Year2014	0. 0577 ***	（0. 0174）	0. 0730 ***	（0. 0119）	0. 0591 ***	（0. 0105）
Year2015	0. 1039 ***	（0. 0182）	0. 134 ***	（0. 0111）	0. 0751 ***	（0. 0104）
Year2016	0. 1688 ***	（0. 0173）	0. 1736 ***	（0. 0124）	0. 1581 ***	（0. 0168）
_cons	9. 1192 ***	（0. 0739）	9. 2589 ***	（0. 0563）	9. 3576 ***	（0. 0534）
Pseudo R^2	0. 3933		0. 4156		0. 4133	

注：*** 、** 和 * 分别表示在 1% 、5% 和 10% 水平上显著。

第五节　本章小结

本章以土地地租理论和外部性理论为基础，分别运用特征价格模型和多层线性模型，从城市轨道交通溢价效应的影响范围和影响程度两个方面实证分析了城市轨道交通建设对二手房交易价格的影响。研究发现，城市轨道交通建设对周边二手房价格存在积极影响。具体来说，城市轨道交通能够显著提高站点周边 600 米范围内的二手房交易价格，且 200 米范围内的二手房溢价最高，其次为 200 ~ 400 米范围内的二手房，400 ~ 600 米范围内的二手房溢价最低。该结论支持城市轨道交通建设对周边二手房市场存在溢价效应，且溢价强度随着二手房距离地铁站的距离逐渐降低。这与孙伟增、徐杨菲和郑思齐（2015）关于二手房市场的研究结果基本一致。

　　此外，本章还进一步借鉴黄静和石薇（2015）的研究方法，采用分位数回归法来研究城市轨道交通对高中低端二手房市场影响的差异性和规律性。实证发现，轨道交通对中低端房地产市场的影响程度显著高于高端房地产市场，从影响范围上看，轨道交通对中低端房地产市场的有效影响范围为 600米以内，随着房价的上升，轨道交通的影响范围也逐渐缩小。该结论表明，城市轨道交通的受益者更多来自中低端住宅小区的居民，而高端住宅的居民可能更多选择私家车出行。

第五章

城市轨道交通对周边新建商品房
溢价效应的实证研究

前面就城市轨道交通开发对周边二手房市场的影响进行了实证分析，研究发现，轨道交通开发对站点周边 600 米范围内的二手房能够产生显著的溢价效应。接下来的两章将针对新建商品房市场和土地市场，进一步研究轨道交通开发引起的溢价是多少，以及如何更好地分配这部分溢价。本章将采用特征价格模型和多层线性模型实证研究武汉市轨道交通对站点周边新建商品房市场的影响程度和影响范围，试图了解城市轨道交通对周边新建商品房的溢价强度，从而深入了解房地产开发商所享有的城市轨道交通开发所带来的溢价部分，为政府采用财税手段回收这部分溢价提供客观科学的依据。

第一节　文献回顾与问题的提出

关于城市轨道交通对周边房地产溢价效应的研究，学者们往往采用特征价格模型进行实证分析。在选取研究样本时，大多数学者都是采用二手房交易数据。这一方面是由于新房开盘数据不易获取，另一方面是因为二手房交易数据具有一定的连贯性（王琳，2009）。部分学者在选取研究样本时，将新建商品房和二手房交易数据放在一起进行研究。例如，张维阳、李慧和段学军（2012）的样本就包含 210 个新建商品房楼盘和 390 个二手房楼盘。刘蓓佳、刘勇（2016）的样本数据包括新开盘住宅 135 个，二手房交易 954

个。也有学者将新房和二手房数据分为两组进行比较研究，如黄静和石薇（2015）就通过实证发现无论是新房还是二手房，基础设施建设均能资本化到周边房地产价格中，但新建商品房的资本化效应显著高于二手房。然而以上学者的研究仅仅局限于基础设施对周边房地产的溢价效应上，并未从受益者负担的角度来进一步探讨如何合理地分配这部分溢价。

第四章对武汉市二手房数据进行了实证分析，在此基础上本章将进一步研究武汉市轨道交通对周边新建商品房的溢价情况，从而将房地产开发商与二手房所有者从轨道交通的溢价受益者中区别开来，为制定相关的"土地价值捕获"政策提供经验依据。

第二节 研究数据与模型设计

一、研究数据

本章实证分析所使用的数据是武汉市轨道交通一号线、二号线、三号线、四号线和六号线站点周边 3000 米范围内开盘的新建商品房住宅小区样本。新建住宅小区的开盘价格来自房地产企业内部数据库，安居客等房地产专业网站提供了楼盘信息（如楼层、面积、小区容积率等）。需要说明的是，本章以武汉市 2011～2016 年新房小区开盘平均销售价格为样本价格，用于分析轨道交通对周边新建商品房房价的影响。新房小区距离城市中心以及最近轨道交通站点的距离为网络距离，根据新房小区空间位置，利用 ArcGIS 工具直接计算得出。通过整理最终获得了 561 个新房小区数据完备的样本。数据处理和模型估计工作采用 ArcGIS 和 Stata 11 软件完成。

二、计量模型设定与变量选择

（一）计量模型设定

在计量模型的设定上，本章沿用第四章对二手房市场的研究方法，先借鉴罗森（1974）提出的两阶段回归方法，采用半对数形式，建立特征价格模型：

$$\log(P) = F(H, Y, W, M, \varepsilon)$$

接着本章采用多层模型估计方法来改善单层回归的估计和分析结果，以避免空间自相关和时间自相关问题。本章仍然采用多层线形模型中随机截距和斜率模型进行分析：

$$\log(P_{iv}) = \beta_0 + \beta_1 Y_{iv} + \sum_{k=1}^{m} \lambda_k H_{kiv} + \beta_2 M_{iv} + \mu_{0v} + \mu_{1v} Y_{iv} + \varepsilon_{iv}$$

（二）特征价格模型的变量解释

基于以上特征价格模型的设定，本章回归分析的被解释变量为武汉市新建商品房开盘价格（P），解释变量为新建住宅小区到轨道交通站点的距离，以及小区是否在距离轨道交通站点 200 米、200～400 米、400～600 米、600～800 米、800～1 000 米、1 000～1 200 米范围内（M）。

为构建特征价格模型，对于每类新建商品房交易样本，本章研究整理了三组控制变量，并描述其特征信息，具体包括以下内容。

第一组变量为建筑特征（b），描述房地产的结构特征。住宅价格往往跟住宅建筑本身的特征相关。由于本章研究样本以住宅小区为最小单位，所以选择的建筑特征的变量有容积率、绿化率、房地产开发商是否有上市公司背景、开发商是否为国有控股公司。

第二组变量为邻里环境（c），描述住宅周边地区的邻里环境特征。该组特征主要包括社会经济变量、政府或市政公共服务设施和外在性影响。基于此，本章选择的邻里环境变量为小区周边公交车数量、周围是否有小学、是否有绿地公园。

第三组变量为区位特征（d）。住宅的区位特征一般从整个城市范围的角度进行考虑，往往是对可达性进行量化。本书中区位特征包括小区距离城市中心的距离、小区是否在二环线内。

$$H = \{b, c, d\}$$

W 代表住宅小区所在的行政区域虚拟变量。每一个行政区域可以看作一个分市场，分市场内房地产商和消费者面临着同样的经济、文化和自然环境，因此有相同的供给结构和消费结构，住宅小区的平均房价与其所在区域有关。

除此之外，考虑到时间变量反映了城市区域宏观背景的影响，如经济发展情况、住房年供应量、住房限购政策等因素对房价的影响。本章回归分析引入时间虚拟变量作为控制变量（Y）。具体各变量符号和定义见表5-1。

表5-1　　　　　　　　　　　新建商品房样本变量说明

变量类别	变量名称	变量符号	变量定义
被解释变量	新建商品房小区平均开盘价格（元/平方米）	Price	2011~2016年新建商品房小区开盘每平方米平均交易价格的对数形式
解释变量	小区到轨道交通站点的距离	D_sub	新建小区距离最近地铁站的距离，取对数形式
	站点周边200米范围内	D_sub200	新建小区是否在站点周边200米范围内，设置虚拟变量
	站点周边200~400米范围内	D_sub400	新建小区是否在站点周边200~400米范围内，设置虚拟变量
	站点周边400~600米范围内	D_sub600	新建小区是否在站点周边400~600米范围内，设置虚拟变量
	站点周边600~800米范围内	D_sub800	新建小区是否在站点周边600~800米范围内，设置虚拟变量
	站点周边800~1 000米范围内	D_sub1000	新建小区是否在站点周边800~1 000米范围内，设置虚拟变量
	站点周边1 000~1 200米范围内	D_sub1200	新建小区是否在站点周边1 000~1 200米范围内，设置虚拟变量
建筑特征	容积率	Plate	新建小区的地上总建筑面积与用地面积的比率
	绿化率	Green	新建小区绿化垂直投影面积之和与小区用地的比率
	开发商是否为上市公司	Listed	新建小区房地产开发商是否具有上市公司背景
	开发商是否为国有公司	State-owned	新建小区房地产开发商是否具有国有控股公司背景

变量类别	变量名称	变量符号	变量定义
邻里特征	公交线	Bus	新建小区周边 800 米范围内公交车数量（条）
	小学	Primary	新建小区周边 800 米范围内是否有小学，设置虚拟变量
	公园	Park	新建小区周边 800 米范围内是否有绿地公园，设置虚拟变量
区位特征	与分中心距离	Sub center	住宅小区距离城市中心的距离（100 米）
	是否在二环线内	Second	住宅小区属于武汉市二环内，设置虚拟变量
区域虚拟变量	江岸区	JA	住宅小区是否属于江岸区，设置虚拟变量
	江汉区	JH	住宅小区是否属于江汉区，设置虚拟变量
	硚口区	QK	住宅小区是否属于硚口区，设置虚拟变量
	汉阳区	HY	住宅小区是否属于汉阳区，设置虚拟变量
	武昌区	WC	住宅小区是否属于武昌区，设置虚拟变量
	洪山区	HS	住宅小区是否属于洪山区，设置虚拟变量
	青山区	QS	住宅小区是否属于青山区，设置虚拟变量
	东西湖区	DXH	住宅小区是否属于东西湖区，设置虚拟变量
时间虚拟变量	是否于 2012 年交易	Year2012	该新建小区开盘时间为 2012 年则为 1，其他年份为 0
	是否于 2013 年交易	Year2013	该新建小区开盘时间为 2013 年则为 1，其他年份为 0
	是否于 2014 年交易	Year2014	该新建小区开盘时间为 2014 年则为 1，其他年份为 0
	是否于 2015 年交易	Year2015	该新建小区开盘时间为 2015 年则为 1，其他年份为 0
	是否于 2016 年交易	Year2016	该新建小区开盘时间为 2016 年则为 1，其他年份为 0

（三）多层线性模型的变量解释

基于多层线性模型的设定为：

$$\log(P_{iv}) = \beta_0 + \beta_1 Y_{iv} + \sum_{k=1}^{m} \lambda_k H_{kiv} + \beta_2 M_{iv} + \mu_{0v} + \mu_{1v} Y_{iv} + \varepsilon_{iv}$$

对各变量作说明如下：$\log(P_{iv})$ 为隶属于行政区域 v 的住宅小区 i 平均销售价格的自然对数；H_{kiv} 为第 v 行政区域中住宅小区 i 的第 k 个特征控制变量；M_{iv} 为核心解释变量，表示 v 区域中的住宅小区 i 距离最近轨道交通站点的距离，以及小区是否在距离站点 200 米、200 ~ 400 米、400 ~ 600 米、600 ~ 800 米、800 ~ 1 000 米、1 000 ~ 1 200 米范围内；时观测变量为 Y_{iv}（其中 2011 年、2012 年、2013 年、2014 年、2015、2016 年的线性编码分别设为 −4、−2、0、2、4、6）；时间效应为 μ_{1v}；区域效应为 μ_{0v}（其中江岸区、江汉区、硚口区、汉阳区、武昌区、洪山区、青山区、东西湖区的线性编码分别设为 1、2、3、4、5、6、7、8，分别表示时间和行政区域对住宅小区价格的影响）。

三、描述性统计

为了解本章的回归分析解释变量与被解释变量选取是否合理，以及特征价格模型中的各组特征变量能否恰当地反映新建商品房属性，本节对新房开盘交易回归模型的样本变量进行描述性统计分析，并将结果分别列示于表 5 – 2、表 5 – 3 和表 5 – 4 中。其中，表 5 – 2 为被解释变量与解释变量的统计结果，表 5 – 3 为房地产建筑特征与邻里特征的统计结果，表 5 – 4 列示了房地产区位特征与区域特征的统计结果。

表 5 – 2　解释变量与被解释变量的描述性统计（新建商品房交易样本）

变量名及符号	均值	最小值	中位数	最大值	标准差
新房每平方米价格 Price（对数形式）	9.239	8.486	9.183	10.571	0.326
小区到轨道交通站点距离 D_sub（对数形式）	6.714	4.330	6.701	8.006	0.763
距离站点 200 米以内 D_sub200	0.033	0.000	0.000	1.000	0.180
距离站点 200 ~ 400 米 D_sub400	0.136	0.000	0.000	1.000	0.343
距离站点 400 ~ 600 米 D_sub600	0.146	0.000	0.000	1.000	0.354
距离站点 600 ~ 800 米 D_sub800	0.176	0.000	0.000	1.000	0.381
距离站点 800 ~ 1 000 米 D_sub1000	0.097	0.000	0.000	1.000	0.296
距离站点 1 000 ~ 1 200 米 D_sub1200	0.088	0.000	0.000	1.000	0.284

表5－3　　建筑特征与邻里特征的描述性统计（新建商品房交易样本）

变量名及符号	均值	最小值	中位数	最大值	标准差
容积率（Plate）	3.320	1.050	3.200	9.000	1.092
绿化率（Green）	0.523	0.100	0.350	0.700	2.435
是否为上市公司（Listed）	0.379	0.000	0.000	1.000	0.485
是否为国有公司（State-owned）	0.333	0.000	0.000	1.000	0.472
公交线（Bus）	13.115	1.000	11.000	44.000	7.909
小学（Primary）	0.243	0.000	0.000	1.000	0.429
公园（Park）	0.616	0.000	1.000	1.000	0.486

表5－4　　区位特征与区域特征的描述性统计（新建商品房交易样本）

变量名及符号	均值	最小值	中位数	最大值	标准差
与市中心距离（Center）	52.22	4.000	49.00	164.00	2.933
是否在二环线内（Second）	0.349	0.000	0.000	1.000	0.477
江岸区（JA）	0.201	0.000	0.000	1.000	0.401
江汉区（JH）	0.091	0.000	0.000	1.000	0.289
硚口区（QK）	0.076	0.000	0.000	1.000	0.265
汉阳区（HY）	0.226	0.000	0.000	1.000	0.418
武昌区（WC）	0.121	0.000	0.000	1.000	0.327
洪山区（HS）	0.129	0.000	0.000	1.000	0.335
青山区（QS）	0.042	0.000	0.000	1.000	0.201
东西湖区（DXH）	0.111	0.000	0.000	1.000	0.314

由表5－2可知，新建商品房每平方米交易价格与小区到轨道交通站点的距离为连续变量，其均值和中位数非常接近（分别为9.239和9.183、6.714和6.701）表明这两组数据的集中趋势和分布状况较为合理。其余的解释变量均为虚拟变量，反映开盘小区是否在距离地铁站多少米范围内。由该组变量的均值可知，距离站点600～800米范围内的新建商品房交易量最高，其次是400～600米范围内。而距离站点200米范围内的新建商品房成交量是最低的。这表明房产距离轨道交通站点太近会受到人流过大以及噪声

污染等影响，不利于新建商品房交易。

表5-3为样本建筑特征与邻里特征的统计结果。其中容积率、绿化率和公交线数量为连续变量，其余变量为虚拟变量。Listed 和 State-owned 反映该小区的房地产开发商是否具有上市公司背景或国有控股公司背景，Primary 和 Park 代表了小区周边 800 米范围内是否设有小学和公园。观察表5-3中的结果，由 Listed 和 State-owned 的均值可知（其均值分别为 0.379 和 0.333），武汉市近六年内，轨道交通站点周边 3 000 米范围内新开盘的小区中有1/3的开发商为上市公司，同样也有1/3的开发商为国有控股公司。此外，由 Primary 和 Park 的均值和中位数可知，绝大多数新建商品房位于公园或绿地周边，但距离小学较远。

表5-4为新建商品房区位特征和区域特征的统计结果。其中，只有到市中心距离为连续变量，以 100 米为单位。是否在二环线内和属于哪个行政区均为虚拟变量。由是否处于二环线内变量的均值和中位数可知，只有大约1/3的开盘商品房小区在二环线内（二环线内的均值为 0.349）。而更多的新建商品房样本处于二环线外，这应该是由于武汉市二环线内属于中心城区，且包含大量的老城区和文物建筑，可用于房地产开发的土地较少。由各行政区变量的均值可知，样本在各行政区的分布较平均，只有青山区的新开盘商品房样本较少，这是由于我国超大型钢铁企业武钢位于青山区，受空气污染和地理区位影响，不利于房地产业的发展。

第三节　实证结果分析与讨论

一、实证结果分析

根据罗森（1974）所提出的实证研究方法。本节采用特征价格模型分别研究新建住宅小区到轨道交通站点的距离与每平方米销售价格的关系，以及轨道交通站点对周边多少米范围内的新建商品房会产生显著影响。其回归分析结果依次反映在表5-5中的模型（1）和模型（2）中。

表5-5　　轨道交通对周边新建商品房溢价效应的 OLS 回归结果

变量	模型（1）		模型（2）	
	（Price）	VIF	（Price）	VIF
D_sub	-0. 0418 *** (0. 0118)	1. 48		
D_sub200			0. 1385 *** (0. 0465)	1. 27
D_sub400			0. 0664 ** (0. 0267)	1. 56
D_sub600			0. 1083 *** (0. 0276)	1. 81
D_sub800			0. 0231 (0. 0245)	1. 66
D_sub1000			0. 0933 *** (0. 0286)	1. 37
D_sub1200			0. 0126 (0. 0286)	1. 26
Plate	0. 0074 (0. 0084)	1. 58	0. 0075 (0. 0085)	1. 66
Green	-0. 0019 (0. 0031)	1. 12	-0. 0032 (0. 0031)	1. 15
Listed	0. 0941 *** (0. 0180)	1. 41	0. 0927 *** (0. 0181)	1. 45
State-owned	-0. 0143 (0. 0182)	1. 37	-0. 0166 (0. 0181)	1. 38
Bus	0. 0036 *** (0. 0012)	1. 73	0. 0036 *** (0. 0012)	1. 81
Primary	0. 0184 (0. 0202)	1. 40	0. 0111 (0. 0204)	1. 46
Park	-0. 0003 (0. 0162)	1. 16	0. 0058 (0. 0162)	1. 18
Sub center	-0. 0235 *** (0. 0043)	3. 03	-0. 0213 *** (0. 0044)	3. 15
Second	0. 2352 *** (0. 0234)	2. 31	0. 2303 *** (0. 0234)	2. 34

续表

变量	模型（1）		模型（2）	
	（Price）	VIF	（Price）	VIF
JA	0.0931 *** (0.0320)	3.06	0.0859 *** (0.0325)	3.23
JH	0.0898 ** (0.0354)	1.95	0.0936 ** (0.0362)	2.07
QK	0.0703 * (0.0395)	2.00	0.0608 (0.0401)	2.10
HY	−0.1485 *** (0.0304)	3.01	−0.1488 *** (0.0304)	3.08
HS	−0.0241 (0.0319)	2.13	−0.0200 (0.0319)	2.18
QS	0.0618 (0.0469)	1.53	0.0524 *** (0.0465)	1.56
DXH	−0.1294 *** (0.0410)	3.06	−0.1532 (0.0417)	3.23
Year2012	−0.0019 (0.0238)	1.56	−0.0015 (0.0236)	1.57
Year2013	0.1087 *** (0.0256)	1.54	0.1057 *** (0.0254)	1.54
Year2014	0.1451 *** (0.0247)	1.65	0.1449 *** (0.0244)	1.65
Year2015	0.1798 *** (0.0258)	1.59	0.1849 *** (0.0256)	1.61
Year2016	0.4423 *** (0.0277)	1.65	0.4482 *** (0.0276)	1.66
_cons	9.3402 *** (0.1051)		9.0091 *** (0.0504)	
F 值	64.69		54.34	
F 检验 p 值	0.0000		0.0000	
R^2	0.7257		0.7335	
调整 R^2	0.7145		0.7200	
N	561		561	

注：括号内的值为标准误；***、** 和 * 分别表示在 1%、5% 和 10% 水平上显著。

由表 5 – 5 可知，模型（1）和模型（2）均通过 F 检验且显著性水平为 1%，表明两个模型都整体有效。其拟合优度和调整拟合优度均在 0.72 以上，这反映出模型的自变量选择较为恰当，样本拟合度较高。观察模型（1）和模型（2）中各变量的方差膨胀因子（VIF），其最高值为 3.23（均小于 10），表明回归模型较合理，不存在严重的多重共线性。由模型（1）可知，新建住宅小区到站点距离（D_sub）与开盘交易价格在 1% 的水平上显著负相关。该结论与第四章二手房的研究结论相一致，说明新建商品房距离轨道交通站点越近，其开盘交易价格越高。模型（2）中用来反映新建住宅小区位于站点周边多少米范围内的解释变量均为虚拟变量，为避免虚拟变量陷阱，回归模型将距离轨道交通站点 1 200 米范围外的新建商品房交易样本设为参照物。根据模型（2）的回归结果，可知 D_sub200、D_sub400、D_sub600 与新房开盘价显著正相关，表明轨道交通对新房开盘交易价格的有效影响范围为轨道交通站点周边 600 米。

此外，比较模型（1）和模型（2）各控制变量的回归结果，其显著性水平基本一致。其中，反映房地产开发商是否具有上市公司背景的变量（SFSS）与新房开盘价格显著正相关，表明由上市公司开发的商品房小区更受消费者欢迎，其开盘价格会更高。而是否为国有控股公司的变量（SFGY）没有通过 T 检验，与新房开盘价格不存在显著性关系，表明开发商的国有背景并不能影响新建商品房的价格。此外，与第四章二手房样本实证结果类似，小区周边公交线数量与是否处于二环线内均与房地产价格显著正相关，说明小区周边公交线路越多，该小区的可达性越高，房价越高；相比二环线外的新建住宅小区，二环线内的小区更靠近市中心，因此房地产价格更高。而变量（Sub center）与新建商品房价格显著负相关，说明距离城市次中心越远，新房开盘价格越低。

二、稳健性检验

为检验本章回归分析结论的可靠性，本节通过改变实证研究方法来进行稳健性测试，运用多层线性模型代替最小二乘法的特征价格模型进行回归分析。其回归结果见表5－6，观察模型（3）和模型（4）中的 LR test 可知，多层模型显著优于基础 OLS 模型，说明区域效应和时间效应显著存在，证实了本章的面板样本确实存在空间和时间自相关问题。然而，通过观察模型（3），我们发现新建商品房到站点的距离与开盘价格显著负相关，表明距离轨道交通站点越近新房开盘价格越高，这与表5－5模型（1）的结论相一致。此外，模型（4）与表5－5模型（2）的结论也基本一致，即轨道交通站点对周边商品房开盘价格的有效影响范围为600米，且距离站点越近影响程度越高。从多层模型的计量结果看，无论是解释变量还是控制变量的回归系数与显著性水平均和 OLS 计量结果基本一致，说明本章的样本虽然存在空间和时间自相关问题，但基础 OLS 模型估计结果是稳健且无偏的。

表5－6　　　轨道交通周边新建商品房溢价效应的多层模型回归结果

变量	模型（3）		模型（4）	
	（Price）	标准误	（Price）	标准误
D_sub	− 0. 0417 ***	0. 0122		
D_sub200			0. 1366 ***	0. 0487
D_sub400			0. 0584 **	0. 0278
D_sub600			0. 1068 ***	0. 0288
D_sub800			0. 0238	0. 0255
D_sub1000			0. 0854	0. 0301
D_sub1200			0. 0024	0. 0300
Plate9	0. 0093	0. 0088	0. 0092	0. 0089
Green10	− 0. 0017	0. 0033	− 0. 0033 ***	0. 0033
Listed	0. 0945 ***	0. 0188	0. 0924 ***	0. 0189
State-owned	− 0. 0050	0. 0190	− 0. 0077 **	0. 0189
Bus15	0. 0035 ***	0. 0012	0. 0035 ***	0. 0013
Primary22	0. 0113	0. 0212	0. 0050	0. 0214
Park24	0. 0061	0. 0171	0. 0120	0. 0171
Sub center60	− 0. 0246 ***	0. 0044	− 0. 0225 ***	0. 0045
Second	0. 2243 ***	0. 0244	0. 2211 ***	0. 0244
COH	0. 0380 ***	0. 0033	0. 0383 ***	0. 0031
_cons	9. 4438 ***	0. 1069	9. 1136 ***	0. 0588

续表

变量	模型（3）		模型（4）	
	（Price）	标准误	（Price）	标准误
Wald chi2 (11/16)	554.77		588.99	
Prob > chi2	0.0000		0.0000	
LR test	94.41		96.15	
Prob > chi2	0.0000		0.0000	
Random-effects Parameters：				
Sd（COH）	0.0061	0.0035	0.0051	0.0036
Sd（_Cons）	0.0974	0.0279	0.1003	0.0287
Sd（Residual）	0.1823	0.0055	0.1811	0.0055
N	561		561	

注：***、**和*分别表示在1%、5%和10%水平上显著。

第四节　进一步研究：轨道交通开通时间对房地产溢价效应的影响

关于城市轨道交通给周边房地产带来的溢价效应，大多数学者都是从空间的维度来进行研究，探讨轨道交通对周边房价的影响程度以及影响范围。当然也有部分学者从时间的角度来分析这一问题，试图探索城市轨道交通建设期间以及开通前后对房产的溢价效应是否存在显著差异。科琳·马利（Corinne Mulley，2016）采用多层模型研究悉尼快速公交系统（BRT）对周边住宅价格提升的时间点。研究发现，自2003年BRT开通以后，站点周边400米范围内的住宅价格显著高于影响范围外，而开通以前，对周边房价无显著影响。贝等（Bae，2003）等以韩国汉城（今首尔）轨道交通五号线为研究对象，发现轨道交通开通前就开始对周边房地产价格产生积极影响，但在轨道交通开通3年后，该影响不再显著。何剑华和郑思齐（2004）通过对北京市轨道交通十三号线进行研究，发现地铁开工建设前后和建成通车前后对轨道交通站周边房产价格影响最大。顾杰和贾生华（2008）以杭州轨道交通线建设为研究对象，运用区位和时间交互项实证发现轨道交通立项和规划批准对周边房地产价格上涨有很大的促进作用。王琳（2009）以上海市轨道交通八号线为研究对象，发现轨道交通开工第一年和通车第一年对周边住宅价格的溢价效应最强，在轨道交通施工期间该溢价效应有所下降。聂冲等（2010）研究深圳轨道交通样本，发现轨道交通施工期间对周边房价有明显的负面影响，而运营期间对房地产价格存在积极影响且逐年增强。由以上学者的研究结论可知，城市轨道交通对周边房地产价格的影响是存在时间效应的，然而具体是哪个时点产生何种显著影响，学界并没有得出一致结论。因此，本节以武汉市 2011～2016 年的新建商品房为样本，实证分析轨道交通对周边房地产价格影响的时效性。

一、变量设置及回归模型设计

由于本章研究样本包含武汉市轨道交通一号线、二号线、三号线、四号线和六号线周边 3 000 米范围内的新建住宅小区，且研究的时间跨度为 2011～2016 年。由表 5 –7 可知，除了轨道交通一号线开通时间较早，于 2004 年就开始通车运营，其余四条线路的通车时间均在 2012 年以后，因此，本章大部分的研究数据从时间维度上涵盖了轨道交通开通前后的样本，这为进一步研究提供了可行性。在样本数据的收集过程中，本书还标记了开盘小区距离最近的轨道交通站点属于哪条线路（其中，多条线路相交的中转站归属于最早通车的轨道交通线路）。观察表 5 –7 的样本量分布情况可知，各轨道交通线周边新建商品房分布较为均衡，只有轨道交通一号线的样本量较少。这应该是由于一号线处于武汉市的中心城区，其可用于房地产开发的土地较少且拆迁成本较高。

表 5 –7　　　武汉市轨道交通开通时间与新建商品房样本分布

武汉轨道交通	一号线	二号线	三号线	四号线	六号线
开通时间	2004	2012	2015	2014	2016
样本量	82	103	120	154	102
通车前开盘的样本	0	86	67	125	102
通车后开盘的样本	82	17	53	29	0

通过对各条轨道交通线路的通车时间和各样本的开盘时间进行比较，可以设计出一组时间虚拟变量来反映新建住宅小区的开盘时间是在距离其最近的轨道交通线路通车之前还是之后。表5-8为本节实证研究的解释变量设置，考虑到城市轨道交通的建设周期较长，且线路规划往往在通车前很多年就对外公示，因此变量 KT1、KT2、KT3 是反映城市轨道交通通车前多长时间就开始对周边商品房价格产生溢价效应。本节实证研究就是在前面采用的特征价格模型的基础上，依次引入这组时间虚拟变量，实证分析新建住宅小区开盘时间相对轨道交通通车时间前后关系对商品房开盘每平方米销售价格的影响，其回归分析结果依次反映在表5-9中的模型（1）~模型（4）中。

表5-8　　　　　　　　　　　轨道交通开通时间前后变量设置

变量名称	变量符号	变量定义
新建住宅小区是否在轨道交通通车后开盘（虚拟变量）	KT	新建住宅小区在距离其最近的轨道交通线路开通之前开盘为0，否则为1
新建住宅小区是否在轨道交通通车前一年开盘（虚拟变量）	KT1	新建住宅小区在距离其最近的轨道交通线路开通一年前开盘为0，否则为1
新建住宅小区是否在轨道交通通车前两年开盘（虚拟变量）	KT2	新建住宅小区在距离其最近的轨道交通线路开通两年前开盘为0，否则为1
新建住宅小区是否在轨道交通通车前三年开盘（虚拟变量）	KT3	新建住宅小区在距离其最近的轨道交通线路开通三年前开盘为0，否则为1

二、实证结果分析

由表5-9可知，模型（1）~模型（4）均通过 F 检验且显著性水平为1%，表明四个模型都整体有效。其拟合优度和调整拟合优度均在0.71以上，这反映出模型的自变量选择较为恰当，样本拟合度较高。对模型（1）~模型（4）中的各变量进行方差膨胀因子（VIF）检验，其中 VIF 最高值为3.23（均小于10），表明回归模型较为合理不存在严重的多重共线性。观察比较这四个回归模型的解释变量，其中模型（1）中的变量（KT）在1%的水平上通过 T 检验。这表明轨道交通线路的开通对其周边新建商品房的开盘价格存在积极影响，由变量（KT）的显著性水平和系数大小可知，在时间维度上这种影响最大也最为显著。由模型（2）和模型（3）的解释变量可以发现，这种对开盘价格的积极影响，将随着距离轨道交通线路通车时间的远去而逐渐减弱（KT1 在 5% 的水平上显著，其系数为 0.0443，而 KT2 只在 10% 的水平上通过 T 检验，系数为 0.0346）。而模型（4）的解释变量（KT3）则没有通过 T 检验，表明距离轨道交通线路通车三年之前开盘的商品房不会受到城市轨道交通溢价效应的影响。以上回归结果说明，从时间上来看，轨道交通线路在距离通车前两年就开始对周边新建商品房价格产生积极影响，这种影响随着通车时间的接近逐渐增强，在轨道交通线路开通当年对周边的新建商品房的价格影响最大也最为明显。观察四个回归模型的其他变量，与表 5-5 模型（1）的回归结果基本一致，这表明本书的解释变量选取恰当，提供了模型的解释性。

表 5-9　　轨道交通开通时间对房地产溢价效应的 OLS 回归结果

变量	模型（1）(Price)	模型（2）(Price)	模型（3）(Price)	模型（4）(Price)
KT	0.0710 *** (0.0200)			
KT1		0.0443 ** (0.0118)		
KT2			0.0346 * (0.0207)	
KT3				0.0220 (0.0240)
D_sub	-0.0415 *** (0.0117)	-0.0407 *** (0.0118)	-0.0404 *** (0.0118)	-0.0412 *** (0.0119)
Plate	0.0063 (0.0083)	0.0065 (0.0084)	0.0063 (0.0084)	0.0071 (0.0084)
Green	-0.0022 (0.0031)	-0.0022 (0.0031)	-0.0022 (0.0031)	-0.0020 (0.0031)
Listed	0.0900 *** (0.0179)	0.0886 *** (0.0181)	0.0900 *** (0.0181)	0.0928 *** (0.0181)

续表

变量	模型（1） （Price）	模型（2） （Price）	模型（3） （Price）	模型（4） （Price）
State-owned	−0.0150 （0.0180）	−0.0143 （0.0181）	−0.0157 （0.0182）	−0.0153 （0.0182）
Bus	0.0031 ** （0.0012）	0.0033 *** （0.0012）	0.0034 *** （0.0012）	0.0035 *** （0.0012）
Primary	0.0166 （0.0200）	0.0193 （0.0201）	0.0190 （0.0202）	−0.0238 （0.0043）
Park	−0.0023 （0.0161）	−0.0014 （0.0162）	−0.0021 （0.0043）	−0.0017 （0.0163）
Sub center	−0.0250 *** （0.0043）	−0.0243 *** （0.0043）	−0.0236 *** （0.0043）	−0.0238 *** （0.0043）
Second	0.2164 *** （0.0238）	0.2261 *** （0.0237）	0.2315 *** （0.0235）	0.2325 *** （0.0236）
JA	0.0781 ** （0.0319）	0.0897 *** （0.0319）	0.0958 *** （0.0320）	0.0956 *** （0.0321）
JH	0.0778 ** （0.0352）	0.0836 ** （0.0354）	0.0891 ** （0.0354）	0.0904 ** （0.0354）
QK	0.0266 （0.0410）	0.0546 （0.0401）	0.0650 （0.0396）	0.0697 （0.0396） *
HY	−0.1562 *** （0.0302）	−0.1505 *** （0.0303）	−0.1453 *** （0.0304）	−0.1457 *** （0.0306）
HS	−0.0468 （0.0322）	−0.0362 （0.0323）	−0.0300 （0.0320）	−0.0258 （0.0320）
QS	0.0458 （0.0466）	0.0581 （0.0468）	0.0628 （0.0468）	0.0614 （0.0469）
DXH	−0.1560 *** （0.0413）	−0.1405 *** （0.0412）	−0.1341 *** （0.0410）	−0.1277 *** （0.0411）
Year2012	−0.0028 （0.0236）	−0.0130 （0.0243）	−0.0030 （0.0238）	−0.0084 （0.0249）

续表

变量	模型（1）(Price)	模型（2）(Price)	模型（3）(Price)	模型（4）(Price)
Year2013	0.0949 *** (0.0256)	0.1004 *** (0.0258)	0.1011 *** (0.0259)	0.0989 (0.0277)
Year2014	0.1315 *** (0.0247)	0.1246 *** (0.0264)	0.1292 *** (0.0264)	0.1303 (0.0294)
Year2015	0.1457 *** (0.0273)	0.1469 *** (0.0299)	0.1849 *** (0.0256)	0.1654 (0.0302)
Year2016	0.3940 *** (0.0306)	0.4025 *** (0.0333)	0.4188 *** (0.0310)	0.4274 (0.0321)
_cons	9.3728 *** (0.1044)	9.3496 *** (0.1049)	9.3307 *** (0.1051)	9.3343 (0.1053)
F 值	63.75	62.49	62.21	61.90
F 检验 p 值	0.0000	0.0000	0.0000	0.0000
R^2	0.7319	0.7280	0.7271	0.7261
调整 R^2	0.7205	0.7164	0.7154	0.7144
N	561	561	561	561

注：括号内的值为标准误；*** 、** 和 * 分别表示在 1%、5% 和 10% 水平上显著。

三、稳健性检验

为检验本节回归分析结论的可靠性，与前面稳健性检验的方法相同，本节运用多层线性模型来代替最小二乘法的特征价格模型，其回归结果见表 5-10。观察模型（5）～模型（8）的 LR test 可知，多层模型显著优于基础 OLS 模型，说明区域效应和时间效应显著存在，证实了本书的面板样本确实存在空间和时间自相关问题。由模型（5）可知，与之前的结论一致，轨道交通的通车时间与商品房开盘价格价显著正相关，与其他模型的解释变量相比，其显著性水平最高，系数也最大。模型（6）与模型（7）的结论也与表 5-9 中模型（2）和模型（3）基本一致，变量 KT1 和 KT2 的显著性和系数均逐渐降低。而模型（8）的解释变量 KT4 则同样没有通过 T 检验。从多层模型的计量结果看，无论是解释变量还是控制变量的回归系数与显著性水平和 OLS 计量结果基本一致，说明基础 OLS 模型估计结果是稳健且无偏的。

表 5 - 10　　轨道交通开通时间对房地产溢价效应的多层模型回归结果

变量	模型（5）(Price)	模型（6）(Price)	模型（7）(Price)	模型（8）(Price)
KT	0.0966 *** (0.0208)			
KT1		0.0497 ** (0.0215)		
KT2			0.0436 * (0.0223)	
KT3				0.0010 (0.0251)
D_sub	− 0.0403 *** (0.0122)	− 0.0397 *** (0.0124)	− 0.0400 *** (0.0124)	− 0.0422 *** (0.0124)
Plate	0.0099 (0.0087)	0.0103 (0.0088)	0.0096 (0.0088)	0.0108 (0.0088)
Green	− 0.0018 (0.0033)	− 0.0018 (0.0034)	− 0.0018 (0.0034)	− 0.0017 (0.0034)
Listed	0.0895 *** (0.0186)	0.0890 *** (0.0190)	0.0892 *** (0.0190)	0.0945 *** (0.0190)
State-owned	− 0.0059 (0.0187)	− 0.0043 (0.0190)	− 0.0053 (0.0190)	− 0.0041 (0.0191)
Bus	0.0027 ** (0.0012)	0.0030 *** (0.0012)	0.0031 *** (0.0012)	0.0034 *** (0.0012)
Primary	0.0059 (0.0210)	0.0085 (0.0213)	0.0076 (0.0213)	0.0066 (0.0213)
Park	0.0020 (0.0170)	0.0049 (0.0172)	0.0046 (0.0173)	0.0070 (0.0173)
Sub center	− 0.0271 *** (0.0044)	− 0.0259 *** (0.0045)	− 0.0252 *** (0.0044)	− 0.0248 *** (0.0045)

续表

变量	模型（5）	模型（6）	模型（7）	模型（8）
	（Price）	（Price）	（Price）	（Price）
Second	0. 1985 *** (0. 0246)	0. 2108 *** (0. 0249)	0. 2150 *** (0. 0247)	0. 2213 *** (0. 0248)
_cons	9. 4359 *** (0. 1060)	9. 4224 *** (0. 1079)	9. 4175 *** (0. 1085)	9. 4446 *** (0. 1090)
Wald chi2 （11）	478. 83	450. 77	448. 42	442. 57
Prob > chi2	0. 0000	0. 0000	0. 0000	0. 0000
LR test	174. 06	170. 46	189. 11	197. 73
Prob > chi2	0. 0000	0. 0000	0. 0000	0. 0000
N	561	561	561	561

注：括号内的值为标准误；***、** 和 * 分别表示在 1%、5% 和 10% 水平上显著。

第五节　本章小结

　　二手房所有者和房地产开发商同为城市轨道交通开发的特殊受益人，享受公共投资所带来的"无偿落果"。通过第四章的实证研究，我们分析了城市轨道交通对二手房市场的影响，在此基础上，本章继续运用特征价格模型和多层线性模型，实证分析城市轨道交通对新建商品房开盘价格的影响。结果表明，城市轨道交通建设对周边新建商品房开盘价格存在积极影响。具体来说，轨道交通开发能够显著地提高站点周边 600 米范围内的新建商品房交易价格，且 200 米范围内的溢价强度为 13.77%，200～400 米范围内的溢价强度为 6.06%，400～600 米范围内的溢价强度为 10.23%。该实证结果与刘蓓佳和刘勇（2016）以及黄静和石薇（2015）关于新房市场的研究结果基本一致。这说明轨道交通沿线的房地产开发商同样是轨道交通的特殊受益人。

　　此外，本章还从时间维度进一步分析城市轨道交通建设对周边房地产价格影响的时效性。研究发现，轨道交通线路在距离通车前两年就开始对周边新建商品房价格产生积极影响，这种影响随着通车时间的接近逐渐增强，在轨道交通线路开通当年对周边的新建商品房的价格影响最大，也最为明显，且距离轨道交通开通时间越近，新房的溢价程度和显著性水平越高。该结论从时间角度进一步证明了城市轨道交通对周边房地产存在正外部性，为政府部门未来对轨道交通开发利益进行回收提供了经验证据。

第六章

城市轨道交通对周边土地出让
溢价效应的实证研究

　　前面我们在探讨中国工业化和城市化过程中出现的"土地财政"与城市基础设施投融资的关系时，发现地方政府进行城市基础设施建设对"土地出让金"有很高的依赖度，形成了基于"土地财政"的城市基础设施投融资模式。那么在这一融资模式下，城市基础设施的成本承担和利益享受是否匹配？为了回答这一问题，本书以城市轨道交通为例，利用武汉市住宅市场和土地市场的微观个体交易数据，分别实证研究轨道交通开发对周边二手房市场、新房市场和土地市场的影响，并进一步通过受益者分析，探讨城市轨道交通开发带来的土地价值增值是否能够通过"土地出让"的方式被地方政府所捕获。

　　基于此，本书实证研究的基本逻辑可以分为两层：第一，公共基础设施的改善（以轨道交通建设为例）是否能资本化到房地产价值中去，从而造成土地价值上升和房价上涨。第二，地方政府采用"土地出让"的方式能够在多大程度上"捕获"轨道交通开发带来的土地价值增值。从第四章的实证结果来看，地方政府提供轨道交通服务能够在二手房交易环节显著地资本化到房价中去，然而，由于中国当前地方政府没有针对存量土地的租金收入或通常意义上的房地产税，因此，无法捕获公共投资所带来的这部分土地价值增值，轨道交通站点周边的二手房所有者成为实际的受益者。从第五章的实证结果来看，轨道交通开发同样能够在新房销售环节显著地资本化到房价中去，地方政府对这部分土地增值进行价值捕获的工具主要是通过出让国有土地使用权，收取土地出让金，那么地方政府在多大程度上能"捕获"这部分增值收益？也就是说，轨道交通开发带来的土地价值增值在多大程度上被房地产开发商以土地出让金的形式传递给地方政府？为了回答这一问题，本章将实证研究城市轨道交通开发对土地市场的影响，以考察轨道交通服务是否在土地出让环节资本化到土地价格中，并结合前两章的实证结果进行跨市场研究，进一步探讨轨道交通开发带来的溢价效益在政府、房地产开发商和二手房所有者之间的分配情况。此外，本章还分析房地产开发商是否通过"土地出让"的方式将轨道交通开发带来的土地价值增值传递给政府。

第一节　文献回顾与问题的提出

本书第四章和第五章主要落脚于实证研究的第一个层面，即探讨轨道交通对周边房地产的溢价效应。本章将推进到第二个层面，以当前中国的"土地财政"为背景，从土地出让环节进行深入分析，一方面探讨城市轨道交通开发对周边土地市场的影响，另一方面试图了解地方政府能够通过"土地出让"的方式捕获多少土地价值增值，从而全面地了解轨道交通溢价效益的收益分配情况。

目前，国内学者关于城市轨道交通开发对周边土地价格资本化的研究相对较少，且多半采用房地产价格来作为替代样本进行分析。例如，陈有孝、林晓言和刘云辉（2005）通过研究北京轨道交通十三号线沿线土地价值增幅来探讨轨道交通的外部效益，然而在具体的实证分析中也是采用房价差来代替地价差。谷一桢和郑思齐（2010）以北京轨道交通十三号线为对象，运用住房价格和容积率等指标实证分析轨道交通对土地开发强度的影响，研究发现，轨道交通一方面提升了周边土地开发的概率，另一方面也提高了站点周边的土地价值，且距离越近增幅越高。王伟和谷伟哲（2014）以天津轨道交通一号线和九号线为样本，以房地产价格为因变量实证分析城市轨道交通对土地空间价值的影响，研究发现，距离 CBD 越远，轨道交通对周边土地价值的积极影响越大。由此可见，仅有少有学者直接采用土地出让数据来研究城市轨道交通对周边土地价值的影响。

关于"土地出让"与城市轨道交通的研究，大多数学者将城市轨道交通归为城市公共品中的一类，从公共收入与公共支出的视角分析"土地出让"与城市公共品的关系。例如，左翔和殷醒民（2012）以我国284个地级市为研究样本，发现国有土地使用权转让对经济性公共品建设有促进作用，同时会抑制非经济性公共品。其中，城市轨道交通就属于经济性公共品。田传浩、李明坤和郦水清（2014）探讨了土地财政与政府公共品供给的关系，得出了类似结论，土地交易收入的增长对城市交通等经济性公共品的供给有显著的促进作用。张向强、姚金伟和孟庆国（2014）以我国省级面板数据为样本，研究发现政府利用土地出让金来促进地方基础设施建设，进而吸引投资以提高城镇化水平。郑思齐等（2014）则是从土地价格、城市建设和土地出让三者的互动关系进行研究，提出土地融资与城市基础设施建设存在正反馈关系。一方面，土地价格上涨能够通过土地出让金和土地抵押贷款的方式提高政府收入以及融资能力，进而促进政府投资基础设施建设。另一方面，城市基础设施建设又能在短期内资本化到土地价格中，改善政府的预算约束。由此可见，国内大多数学者都认为轨道交通这类城市公共服务能够显著地资本化到地价中，因此"土地出让金"与城市基础设施的供给存在正反馈的关系。

考虑到本章主要分析轨道交通对周边土地的溢价效应，以及政府通过土地出让方式回收溢价部分的程度。接下来本章将采用武汉市轨道交通周边土地出让数据进行实证分析。

第二节　研究方法与模型设计

一、研究数据

本章实证分析所使用的数据是武汉市轨道交通站点周边3 000米范围内的土地出让样本。武汉市土地交易中心提供了不同时期成交的土地出让价格和区位属性等特征。特别需要说明的是，从开发商拿地到新房销售通常需要经过几年的时间，基于表 6 - 9 中的数据，通过计算，我们发现武汉市的土地出让到新房开盘的平均周期为 3.5 年，因此本章选取武汉市 2008 ~ 2013 年土地出让为样本，来尽量与前两章二手房交易数据（2013 ~ 2016 年）和新房开盘数据（2011 ~ 2016 年）相匹配。此外，样本距离城市中心以及最近轨道交通站点的距离为网络距离，根据出让土地的空间位置，利用 ArcGIS 工具直接计算得出。通过整理最终获得了 524 个土地出让数据完备的样本。数据处理和模型估计工作采用 ArcGIS 和 Stata 11 软件完成。

二、计量模型设定与变量选择

（一）计量模型设定

在土地招拍挂制度下，国有土地出让进入了一个土地供应公开交易的新时代，房地产开发商和地方政府分别为土地出让市场中的买方和卖方，所有房地产开发商机会均等，参与竞争。土地出让时的楼面地价恰恰反映了房地产开发商对该出让地块的支付意愿。在这一制度背景下，特征价格模型同样适用于土地市场。在计量模型的设定上，本章沿用前两章的研究方法，借鉴罗森（1974）提出的两阶段回归方法，采用半对数形式，建立特征价格模型：

$$\log(P) = F(H, Y, W, M, \varepsilon)$$

接着采用多层模型估计方法来改善单层回归的估计和分析结果，以避免空间自相关和时间自相关问题。本章仍然采用多层线形模型中随机截距和斜率模型进行分析：

$$\log(P_{iv}) = \beta_0 + \beta_1 Y_{iv} + \sum_{k=1}^{m} \lambda_k H_{kiv} + \beta_2 M_{iv} + \mu_{0v} + \mu_{1v} Y_{iv} + \varepsilon_{iv}$$

（二）特征价格模型的变量解释

基于以上特征价格模型的设定，本章回归分析的被解释变量为武汉市土地出让的成交楼面地价（P）。楼面价是指土地总价格除以该土地的允许最大建筑面积，每块土地在获得时，基本都有容积率规定，框定了该土地建筑的最大面积。解释变量为出让土地到轨道交通站点的距离，以及土地是否位于站点200米、200～400米、400～600米、600～800米、800～1 000米、1 000～1 200米范围内（M）。

为构建特征价格模型，对于土地出让样本，研究整理两组变量，描述其特征信息，具体如下。

第一组变量为土地特征（a），描述地块的结构特征。土地出让楼面价格往往跟土地本身的特征相关。由于本章研究样本以出让土地为最小单位，所以选择的土地特征的变量有出让面积、土地用途、建筑面积、容积率、出让方式。

第二组变量为区位特征（b）。土地的区位特征一般从整个城市范围的角度进行考虑，往往是对可达性进行量化。本研究中区位特征包括土地到城市片区中心的距离、到三镇中心的距离、到两江交叉口的距离。

$H = \{a, b\}$

W 代表住宅小区所在的行政区域虚拟变量。每一个行政区域可以看作一个分市场，分市场内房地产商和消费者面临着同样的经济、文化和自然环境，因此有相同的供给结构和消费结构，住宅小区的平均房价与其所在区域有关。

除此之外，考虑到时间变量反映了城市区域宏观背景的影响，如经济发展情况、住房年供应量、住房限购政策等因素对房价的影响。本章回归分析引入时间虚拟变量作为控制变量（Y）。具体各变量符号和定义见表6－1。

表6－1 土地出让样本变量说明

变量类别	变量名称	变量符号	变量定义
被解释变量	成交楼面地价（元/平方米）	Price	2008～2013 年出让土地总价格除以该土地的允许最大建筑面积
解释变量	土地到轨道交通站点的距离	D_sub	土地距离最近轨道交通站点的距离，取对数形式
	站点周边 200 米范围内	D_sub200	出让土地是否在站点周边 200 米范围内，设置虚拟变量

续表

变量类别	变量名称	变量符号	变量定义
解释变量	站点周边 200 ~ 400 米范围内	D_sub400	出让土地是否在站点周边 200 ~ 400 米范围内，设置虚拟变量
	站点周边 400 ~ 600 米范围内	D_sub600	出让土地是否在站点周边 400 ~ 600 米范围内，设置虚拟变量
	站点周边 600 ~ 800 米范围内	D_sub800	出让土地是否在站点周边 600 ~ 800 米范围内，设置虚拟变量
	站点周边 800 ~ 1 000 米范围内	D_sub1000	出让土地是否在站点周边 800 ~ 1 000 米范围内，设置虚拟变量
	站点周边 1 000 ~ 1 200 米范围内	D_sub1200	出让土地是否在站点周边 1 000 ~ 1 200 米范围内，设置虚拟变量
土地特征	出让面积	Selling	用地红线范围内的土地面积
	成交总价	Total	土地出让的总价
	土地用途	Use	是指土地权利人依照规定对其权利范围内的土地的利用方式或功能。将居住住宅设置为 1，其余设为 0
	建筑面积	Built	建筑物外墙勒脚以上的结构外围水平面积，是以平方米反映房屋建筑建设规模的实物量指标
	容积率	Plate	地上总建筑面积与用地面积的比率
	出让方式	Way	包括挂牌、招标和拍卖三种形式，将挂牌设置为 1，其余设为 0
区位特征	到分中心距离	Sub center	土地距离城市中心的距离（100 米）
	到三镇中心距离	Sub three	土地距离三镇中心的距离（100 米）
	到两江交叉口距离	Sub Intersection	土地距离两江交叉口中心的距离（100 米）
行政区域虚拟变量	江岸区	JA	地块是否属于江岸区，设置虚拟变量
	江汉区	JH	地块是否属于江汉区，设置虚拟变量
	硚口区	QK	地块是否属于硚口区，设置虚拟变量
	汉阳区	HY	地块是否属于汉阳区，设置虚拟变量
	武昌区	WC	地块是否属于武昌区，设置虚拟变量
	洪山区	HS	地块是否属于洪山区，设置虚拟变量
	青山区	QS	地块是否属于青山区，设置虚拟变量
	东西湖区	DXH	地块是否属于东西湖区，设置虚拟变量

变量类别	变量名称	变量符号	变量定义
时间虚拟变量	是否于 2009 年交易	Year2009	土地出让发生于 2009 年则为 1，其他年份为 0
	是否于 2010 年交易	Year2010	土地出让发生于 2010 年则为 1，其他年份为 0
	是否于 2011 年交易	Year2011	土地出让发生于 2011 年则为 1，其他年份为 0
	是否于 2012 年交易	Year2012	土地出让发生于 2012 年则为 1，其他年份为 0
	是否于 2013 年交易	Year2013	土地出让发生于 2013 年则为 1，其他年份为 0

（三） 多层线性模型的变量解释

基于多层线性模型的设定为：

$$\log(P_{iv}) = \beta_0 + \beta_1 Y_{iv} + \sum_{k=1}^{m} \lambda_k H_{kiv} + \beta_2 M_{iv} + \mu_{0v} + \mu_{1v} Y_{iv} + \varepsilon_{iv}$$

对各变量作说明如下：$\log(P_{iv})$ 为隶属于行政区域 v 的土地 i 出让时的楼面价格的自然对数；H_{kiv} 为位于行政区域 v 的地块 i 的第 k 个特征控制变量；M_{iv} 为本章的核心解释变量，表示行政区域 v 中的地块 i 距离最近轨道交通站点的距离，以及该地块是否在距离站点 200 米、200 ~ 400 米、400 ~ 600 米、600 ~ 800 米、800 ~ 1 000 米、1 000 ~ 1 200 米范围内。时间观测变量为 Y_{iv}（其中，2008 年、2009 年、2010 年、2011 年、2012、2013 年的线性编码分别设为 −4、−2、0、2、4、6），时间效应为 μ_{1v}；区域效应为 μ_{0v}（其中，江岸区、江汉区、硚口区、汉阳区、武昌区、洪山区、青山区、东西湖区的线性编码分别设为 1、2、3、4、5、6、7、8），分别表示时间和行政区域对出让土地楼面地价的影响。

三、描述性统计

为了解本章回归分析的解释变量与被解释变量选取是否合理，以及特征价格模型中的各组特征变量能否恰当地反映出让土地的属性，本节对土地交易回归模型的样本变量进行描述性统计分析，并将结果分别列示于表6-2和表6-3。其中，表6-2为被解释变量与解释变量统计结果，表6-3为土地特征和区位特征的统计结果。

表6-2　　　　　　主要变量描述性统计（土地样本）

变量名及符号	均值	最小值	中位数	最大值	标准差
成交楼面地价 Price（对数形式）	7.744	5.899	7.717	9.612	0.486
小区到轨道交通站距离 D_sub（对数形式）	7.055	3.941	7.238	8.004	0.762
距离站点 200 米以内 D_sub200	0.030	0.000	0.000	1.000	0.172
距离站点 200 ~ 400 米 D_sub400	0.074	0.000	0.000	1.000	0.262
距离站点 400 ~ 600 米 D_sub600	0.095	0.000	0.000	1.000	0.294
距离站点 600 ~ 800 米 D_sub800	0.074	0.000	0.000	1.000	0.262
距离站点 800 ~ 1 000 米 D_sub1000	0.070	0.000	0.000	1.000	0.256
距离站点 1 000 ~ 1 200 米 D_sub1200	0.074	0.000	0.000	1.000	0.262

表6-3　　　　土地特征和区位特征变量描述性统计（土地样本）

变量名及符号	均值	最小值	中位数	最大值	标准差
出让面积（Selling）	9.8461	5.9890	9.9005	13.3013	1.0721
土地用途（Use）	0.7748	0.0000	1.0000	1.0000	0.4181
建筑面积（Built）	11.1316	6.2046	11.2345	14.0116	1.2456
容积率（Plate）	3.8777	0.0000	3.8400	9.6200	1.4931
出让方式（Way）	0.9237	0.0000	1.0000	1.0000	0.2658
到分中心距离（Sub center）	7.7885	4.8061	7.7062	9.6517	0.8324
到三镇中心距离（Sub three）	8.6062	5.7646	8.6581	10.4460	0.7111
到两江交叉口距离（Sub Intersection）	8.9662	7.0891	8.9829	10.4996	0.5434
江岸区（JA）	0.1718	0.0000	0.0000	1.0000	0.3775
武昌区（WC）	0.0954	0.0000	0.0000	1.0000	0.2941
硚口区（QK）	0.1412	0.0000	0.0000	1.0000	0.3486
洪山区（HS）	0.0821	0.0000	0.0000	1.0000	0.2747
东湖开发区（DHK）	0.0897	0.0000	0.0000	1.0000	0.2860
江汉区（JH）	0.0821	0.0000	0.0000	1.0000	0.2747
东西湖区（DXH）	0.0763	0.0000	0.0000	1.0000	0.2658

续表

变量名及符号	均值	最小值	中位数	最大值	标准差
汉阳区（HY）	0.0172	0.0000	0.0000	1.0000	0.1300
黄陂区（HP）	0.0229	0.0000	0.0000	1.0000	0.1497
青山区（QS）	0.2213	0.0000	0.0000	1.0000	0.3685

由表6-2可知，成交楼面地价与出让土地到轨道交通站点距离为连续变量，其均值和中位数非常接近（分别为7.744和7.717、7.055和7.238），表明这两组数据的集中趋势和分布状况较为合理。其余的解释变量均为虚拟变量，反映了出让土地是否在距离站点多少米范围内。由该组变量的均值可知，轨道交通站点400~600米范围内的土地出让数量最高，其余的分布非常均匀。而距离轨道交通站点200米范围内的出让土地数量最低，这与新房数据的统计结果保持一致。

表6-3为样本土地特征与区位特征的统计结果，其中，出让面积、建筑面积、容积率、与分中心距离、三镇中心距离和两江交叉口距离为连续变量，与分中心距离、三镇中心距离和两江交叉口以100米为单位，其余变量均为虚拟变量。观察表6-3的土地用途和出让方式的均值与中位数可知，绝大多数的土地出让都是用于居住住宅，而出让方式则多为挂牌。由各行政区变量的均值可知，样本在各行政区的分布较平均，只有江岸区和硚口区的出让土地样本较多。

第三节　实证结果分析与讨论

一、回归结果分析

（一）方差膨胀因子检验

与前两章一致，在使用特征价格模型的过程中，为避免土地出让样本的各特征变量之间可能存在的多重共线性现象（multicollinearity），本章通过计算各特征变量的方差膨胀因子（VIF）来识别哪些变量导致多重共线性的产生，并将其排除出特征价格模型。根据 VIF 指标，可研究排除"建筑面积"和"成交总价"，这是由于"出让面积"和"容积率"两个变量的存在可以直接换算出"建筑面积"，而"成交总价"可以通过"成交楼面价"乘以"建筑面积"得出，因此，两者高度相关。其余变量的 VIF 最高值为 5.88（均小于 10），表明回归模型较合理，不存在严重的多重共线性。

（二）特征价格模型的计量结果（OLS）

根据罗森（1974）所提出的实证研究方法。本节采用特征价格模型分别研究出让地块到轨道交通站点的距离与土地出让时的楼面地价的关系，以及轨道交通站点对周边多少米范围内的土地会产生显著影响。其回归分析结果依次反映在表 6 - 4 中的模型（1）和模型（2）中。

表 6 - 4　　　城市轨道交通对周边土地溢价效应的 OLS 回归结果

变量	模型（1）		模型（2）	
	（Price）	VIF	（Price）	VIF
D_sub	- 0.1468 *** (0.0250)	1.41		
D_sub200			0.3868 *** (0.0999)	1.13
D_sub400			0.2430 *** (0.0689)	1.25
D_sub600			0.2411 *** (0.0636)	1.34
D_sub800			0.0954 (0.0656)	1.13
D_sub1000			0.1140 * (0.0673)	1.14
D_sub1200			0.0004 (0.0646)	1.10
Selling	0.0088 (0.0169)	1.28	0.0079 (0.0171)	1.28

续表

变量	模型（1）		模型（2）	
	（Price）	VIF	（Price）	VIF
Use	−0.0077 (0.0432)	1.26	0.0005 (0.0443)	1.31
Plate	−0.0180 (0.0123)	1.31	−0.0155 (0.0124)	1.32
Way	−0.1086 (0.0689)	1.30	−0.1062 (0.0695)	1.30
Sub center	−0.0958 *** (0.0333)	2.98	−0.0901 *** (0.0336)	3.00
Sub three	−0.0277 (0.0495)	4.80	−0.0287 (0.0505)	4.93
Sub Intersection	−0.1626 ** (0.0682)	5.31	−0.1700 ** (0.0693)	5.41
JA	0.1187 * (0.0616)	2.09	0.1189 * (0.0628)	2.15
WC	0.0924 (0.0684)	1.57	0.1018 (0.0691)	1.57
QK	0.0313 (0.0569)	1.52	0.0346 (0.0576)	1.54
HS	0.2140 *** (0.0789)	1.82	0.2107 *** (0.0799)	1.84
DHK	0.1251 * (0.0728)	1.68	0.1539 ** (0.0738)	1.70
JH	−0.3194 *** (0.0814)	1.93	−0.3114 *** (0.0826)	1.97
DXH	0.0939 (0.0762)	1.59	0.0682 (0.0764)	1.58
HY	−0.7838 *** (0.1383)	1.25	−0.7931 *** (0.1397)	1.26

变量	模型（1）		模型（2）	
	（Price）	VIF	（Price）	VIF
HP	0.4238 *** （0.1171）	1.19	0.3920 *** （0.1179）	1.19
Year2009	− 0.0764 （0.0938）	2.73	− 0.0670 （0.0950）	2.77
Year2010	0.0481 （0.0825）	5.30	0.0502 （0.0840）	5.42
Year2011	0.3206 *** （0.0882）	3.57	0.3290 *** （0.0897）	3.64
Year2012	0.0762 （0.0841）	5.80	0.0836 （0.0852）	5.88
Year2013	0.2791 *** （0.0885）	3.63	0.2951 *** （0.0902）	3.73
_cons	11.1608 *** （0.4657）		10.0689 *** （0.4326）	
F 值	18.70		14.99	
F 检验 p 值	0.0000		0.0000	
R^2	0.4509		0.4494	
调整 R^2	0.4267		0.4194	
N	524		524	

注：括号内的值为标准误；*** 、** 和 * 分别表示在 1%、5% 和 10% 水平上显著。

由表 6 - 4 可知，模型（1）和模型（2）均通过 F 检验且显著性水平为 1%，表明两个模型都整体有效。其拟合优度和调整拟合优度均在 0.44 以上，这反映出模型的自变量选择较恰当，样本拟合度较高。由模型（1）可知，土地到轨道交通站点的距离（D_sub）与成交楼面价在 1% 的水平上显著负相关。该结论与前两章新建商品房和二手房数据研究结论相一致，反映了出让地块距离轨道交通站点越近，其成交楼面价格越高。模型（2）中用来反映出让地块位于站点周边多少米范围内的解释变量均为虚拟变量，为避免虚拟变量陷阱，回归模型将距离轨道交通站点 1 200 米范围外的土地交易样本设为参照物。根据模型（2）的回归结果，D_sub200、D_sub400、D_sub600 与出让地块的楼面地价在 1% 的水平上显著正相关；D_sub800、D_sub1200 没有通过 T 检验，与楼面价不存在显著性关系；D_sub1000 虽然通过 T 检验但显著性水平只有 10%。由以上实证结果可知，轨道交通对土地交易价格的有效影响范围为站点周边 600 米。此外，观察各解释变量的系数，距离轨道交通站点越近，土地成交楼面价的溢价效应就越强（D_sub200 的系数最高为 0.3868，D_sub400、D_sub600 解释变量的系数依次降低）。

前两章一直围绕住宅样本进行实证研究，而本章土地样本中的土地用途不仅包含居住住宅还包括商业用途。因此，为了方便之后的城市轨道交通溢价效应的跨市场研究，将样本中的商业用途土地去除后重复之前的回归分析（土地出让样本由之前的 524 个缩减为 406 个）。其回归结果见表 6-5。

表 6-5　城市轨道交通对周边居住用地的溢价效应的 OLS 回归结果

变量	模型（3）		模型（4）	
	（Price）	VIF	（Price）	VIF
D_sub	-0.1446*** (0.0280)	1.35		
D_sub200			0.3265*** (0.1238)	1.12
D_sub400			0.2723*** (0.0763)	1.26
D_sub600			0.1917*** (0.0766)	1.23
D_sub800			0.0847 (0.0681)	1.14
D_sub1000			0.1449* (0.0671)	1.17
D_sub1200			0.0464 (0.0665)	1.12
Selling	0.0057 (0.0180)	1.19	0.0045 (0.0185)	1.22

续表

变量	模型（3）		模型（4）	
	（Price）	VIF	（Price）	VIF
Plate	−0.0092 （0.0157）	1.38	−0.0080 （0.0160）	1.40
Way	−0.0920 （0.0858）	1.24	−0.0987 （0.0876）	1.27
Sub center	−0.1166 *** （0.0376）	2.95	−0.1113 *** （0.0382）	2.99
Sub three	−0.0084 （0.0651）	5.77	−0.0179 （0.0665）	5.88
Sub Intersection	−0.1365 （0.0852）	6.18	−0.1283 ** （0.0865）	6.24
JA	0.1806 *** （0.0660）	1.87	0.1803 * （0.0675）	1.91
WC	0.0169 （0.0742）	1.57	0.0200 （0.0752）	1.58
QK	0.0123 （0.0590）	1.58	0.0175 （0.0605）	1.62
HS	0.1924 ** （0.0834）	1.84	0.1798 *** （0.0851）	1.87
DHK	0.0504 （0.0751）	1.80	0.0678 ** （0.0765）	1.83
JH	−0.3368 *** （0.0922）	1.82	−0.3393 *** （0.0941）	1.85
DXH	0.1294 * （0.0771）	1.70	0.1032 （0.0777）	1.69
HY	−0.7966 *** （0.1673）	1.17	−0.8098 *** （0.1698）	1.18
HP	0.4030 *** （0.1212）	1.22	0.3749 *** （0.1230）	1.23
Year2009	−0.0572 （0.0966）	2.34	−0.0619 （0.0993）	2.42

续表

变量	模型（3）		模型（4）	
	（Price）	VIF	（Price）	VIF
Year2010	0. 1183 (0. 0815)	4. 68	0. 1063 (0. 0838)	4. 84
Year2011	0. 3478 *** (0. 0900)	3. 02	0. 3407 *** (0. 0922)	3. 10
Year2012	0. 1213 (0. 0836)	5. 34	0. 1180 (0. 0856)	5. 47
Year2013	0. 3252 *** (0. 0916)	3. 07	0. 3189 *** (0. 0949)	3. 23
_cons	10. 8410 *** (0. 5473)		9. 7400 *** (0. 5177)	
F 值	13. 56		10. 60	
F 检验 p 值	0. 0000		0. 0000	
R^2	0. 4257		0. 4210	
调整 R^2	0. 3943		0. 3813	
N	406		406	

注：括号内的值为标准误； *** 、** 和 * 分别表示在1%、5%和10%水平上显著。

二、稳健性检验

为检验本章回归分析结果的可靠性，本节通过改变实证研究方法来进行稳健性测试，运用多层线性模型代替最小二乘法的特征价格模型进行回归分析。其回归结果分别见表6－6（土地全样本）和表6－7（住宅土地样本），观察两个表中的 LR test 可知，多层模型显著优于基础 OLS 模型，说明区域效应和时间效应显著存在，证实了本书的面板样本确实存在空间和时间自相关问题。从多层模型的计量结果看，无论是解释变量还是控制变量的回归系数与显著性水平均与 OLS 计量结果基本一致，说明基础 OLS 模型估计结果是稳健且无偏的。

表6-6　　城市轨道交通对周边土地溢价效应的多层模型回归结果

变量	模型（1）		模型（2）	
	（Price）	标准误	（Price）	标准误
D_sub	-0.1476***	0.0252		
D_sub200			0.3769***	0.1001
D_sub400			0.2693***	0.0698
D_sub600			0.2381***	0.0653
D_sub800			0.0976	0.0665
D_sub1000			0.0988	0.0676
D_sub1200			0.0109	0.0654
Selling	0.0041	0.0169	0.0027	0.0171
Use	-0.0044	0.0433	0.0037	0.0443
Plate	-0.0265**	0.0124	-0.0242*	0.0125
Way	-0.1096	0.0701	-0.1076	0.0707
Sub center	-0.1130***	0.0329	-0.1068***	0.0332
Sub three	-0.0359	0.0498	-0.0328	0.0511
Sub Intersection	-0.1678**	0.0682	-0.1776**	0.0694
COH	0.0364***	0.0139	0.0366***	0.0139
_cons	11.5556***	0.4731	10.4522***	0.4364
Wald chi2（9/14）	105.14		102.44	
Prob > chi2	0.0000		0.0000	
LR test	32.06		31.31	
Prob > chi2	0.0000		0.0000	
Random-effects Parameters：				
Sd（COH）	0.0358	0.0138	0.0355	0.0139
Sd（_Cons）	0.2585	0.0803	0.2583	0.0809
Sd（Residual）	0.3716	0.0118	0.3741	0.0119
N	524		524	

注：***、**和*分别表示在1%、5%和10%水平上显著。

表6-7　　城市轨道交通对周边住宅用地溢价效应的多层模型回归结果

变量	模型（1）		模型（2）	
	（Price）	标准误	（Price）	标准误
D_sub	-0.1464***	0.0281		
D_sub200			0.3020**	0.1238
D_sub400			0.3134***	0.0773

续表

变量	模型（1）		模型（2）	
	（Price）	标准误	（Price）	标准误
D_sub600			0.1836 **	0.0786
D_sub800			0.0843	0.0688
D_sub1000			0.1327 *	0.0671
D_sub1200			0.0324	0.0672
Selling	0.0025	0.0179	0.0010	0.0184
Plate	− 0.0104	0.0158	− 0.0087	0.0161
Way	− 0.0726	0.0884	− 0.0798	0.0901
Sub center	− 0.1272 ***	0.0367	− 0.1208 ***	0.0371
Sub three	− 0.0268	0.0656	− 0.0289	0.0671
Sub Intersection	− 0.1473 *	0.0854	− 0.1438 *	0.0867
COH	0.0340 ***	0.0144	0.0323 ***	0.0145
_cons	11.3205 ***	0.5469	10.1726 ***	0.5147
Wald chi2 (8/13)	77.86		75.14	
Prob > chi2	0.0000		0.0000	
LR test	19.97		17.94	
Prob > chi2	0.0000		0.0001	
Random-effects Parameters：				
Sd （COH）	0.0359	0.0154	0.0359	0.0161
Sd （_Cons）	0.2162	0.0895	0.2084	0.0931
Sd （Residual）	0.3464	0.0126	0.3499	0.0128
N	406		406	

注：***、** 和 * 分别表示在1%、5%和10%水平上显著。

第四节　城市轨道交通溢价效益分配状况

城市轨道交通属于典型的城市公共服务，具有强大的外部经济性，并集中体现在对周边房地产价值的增值方面。这是因为城市轨道交通一方面给沿线居民提供了出行便利，提高了周边房产的交通可达性，节省了周边市民的

·114·

经济和时间成本，另一方面轨道交通站点所带来的可达性和迅速提升的人气也会产生各种商业机会。因此，居民和公司都愿意付出更高的成本（地价、房价或租金）来尽可能地靠近轨道交通站点，从而带动周边土地和房产价值的增值。为了更好地探讨轨道交通建设的受益者与成本承担者是否匹配，不同受益者对轨道交通的支付意愿是否合理地传递给成本承担者，本节对城市轨道交通的溢价效应进行跨市场研究。

学术界关于城市轨道交通对周边房地产溢价效应的跨市场研究不多，且已有的研究主要关注的是轨道交通对不同房地产市场影响的差异性，而较少从受益者负担的角度进行深入分析。例如，周京奎和吴晓燕（2009）以我国30个省份为研究对象，采用面板数据分析了政府公共投资对房地产的溢出效应，研究发现，公共投资对土地价格的影响最大，其次是住宅、办公楼和商业用房。孙伟增、徐杨菲和郑思齐（2015）以北京市轨道交通为研究样本，对土地市场、二手房交易市场和住宅租赁市场进行比较分析，指出轨道交通的溢价效应在租金中最大，其次是在二手房交易价格中，在土地出让价格中最小。王轶军、郑思齐和龙奋杰（2007）从受益者负担的角度，分别对北京市的住宅市场样本和土地市场样本进行实证分析，指出居民愿意为居住在地铁站周边支付更高的住宅价格，但是这部分价值并没有资本化到土地价格中以地价的形式传递给政府，而是被房地产开发商所占有。建议采用以房地产价值作为税基的房地产税，为地方政府回收这部分价值。

本书研究城市轨道交通开发对周边房地产的溢价效应，主要是为了从财政学的角度提出有针对性的土地价值捕获方案，因此，全面地考虑不同房地产市场的受益主体，进行轨道交通受益者分析，从而了解各主体的受益情况就至关重要。鉴于二手房市场的受益者为二手房所有者，新建商品房市场的受益者为房地产开发商，土地市场的受益者为地方政府，因此，本书依次研究了城市轨道交通开发对二手房交易、新建商品房开盘和土地出让的影响，从而了解地方政府、房地产开发商和二手房所有者所享有的溢价情况。接下来，我们将汇总各章节的实证测算结果，横向比较各受益主体享有轨道交通溢价的份额，从而为政府制定相关的土地价值捕获政策提供客观的依据。

一、城市轨道交通溢价效应的跨市场研究

借鉴孙伟增、徐杨菲和郑思齐（2015）的跨市场研究方法，本节重点研究城市轨道交通对不同市场溢价效应的关联性和差异性。表6-8收集了第四章、第五章以及本章的实证测算结果。

表6-8　　　　　　　　城市轨道交通溢价效应的跨市场比较

与最近轨道交通站点的距离	二手房交易价（Price）	新建商品房开盘价（Price）	土地出让价格（Price）
参照组3000米外	- 0.0349 ***	- 0.0417 ***	- 0.1464 ***
0 ~ 200 米	0.0854 ***	0.1366 ***	0.3020 **
200 ~ 400 米	0.0602 ***	0.0584 **	0.3134 ***
400 ~ 600 米	0.0433 ***	0.1068 ***	0.1836 **
600 ~ 800 米	- 0.0026	0.0238	0.0843
800 ~ 1 000 米	0.0249	0.0854	0.1327 *
1 000 ~ 1 200 米	- 0.0328	0.0024	0.0324

注：*** 、** 和 * 分别表示在1%、5%和10%水平上显著。
资料来源：表中数据均来源于第三章中多层线性模型的回归结果。

通过比较发现，从溢价范围上来看，武汉市轨道交通无论对住宅销售市场还是土地出让市场的溢价范围均为600米，这一方面说明了土地出让市场、二手房交易市场和新建商品房市场具有很强的关联性，因此城市轨道交通开发对上述市场的影响也存在较强的关联性；另一方面说明了居民和房地产开发商对轨道交通偏好的信息得到了有效的传递。

从溢价强度上来看，轨道交通对土地出让市场的溢价效应最大，其次为新建商品房市场，最后为二手房市场。轨道交通对这三个市场的影响程度不同，究其原因可以归纳为以下三点。

首先，轨道交通开发所带来的溢价在土地出让环节、新房销售环节和二手房销售环节被相关的受益主体层层捕获，因此地方政府、房地产开发商和二手房所有者所享有的溢价部分层层递减。

其次，我们发现轨道交通在土地出让环节的溢价效应大于住宅销售环

节。这可能是因为住宅销售市场存在大量的买家和卖家，市场竞争程度相对较高，二手房成交价格和新房开盘价格实际上反映了住宅使用者对轨道交通区位的偏好。而在土地出让市场，地方政府作为唯一卖家，具有一定垄断势力和定价优势，且掌握更多土地出让信息，因此地方政府可以通过土地出让的方式捕获到最多的土地增值收益。

最后，轨道交通对新建商品房市场的溢价效应要大于二手房市场。这可能是因为新建商品房在开发之初就直接受到轨道交通规划的影响，因此，房地产开发商会最大限度地利用轨道交通的可达性和便利性，以吸引购房者。所以，相比二手房，新建商品房可能更能够满足人们上下班出行的需求，购房者对这类住房的偏好和支付意愿更强，形成更高的溢价效应。

二、城市轨道交通溢价效益的受益者分析

从表 6-8 中我们可以看出，相比地方政府和房地产开发商，二手房所有者占有最小的轨道交通溢价份额，然而，由于中国当前地方政府没有针对存量土地的租金收入或通常意义上的房产税，因此，无法捕获轨道交通投资所带来的这部分土地价值增值，二手房所有者在二手房交易中实际无偿占有了这部分溢价（轨道交通站点周边 0~200 米、200~400 米、400~600 米范围内的溢价强度分别为 8.54%、6.02% 和 4.33%）。

轨道交通开发同样能够在新房销售环节显著地资本化到房价中去，房地产开发商是这部分溢价的受益主体，通过估算，轨道交通对周边新建商品房的溢价强度为：0~200 米 13.66%，200~400 米 5.84%，400~600 米 10.68%。然而，根据"受益者负担"的原则，公共投资增加了土地价值，那么公共投资的受益人应当支付部分公共投资的成本或将收益返还公众。因此，房地产开发商要获得城市轨道交通周边土地使用权就理应先向地方政府（轨道交通项目的成本负担者）让渡一部分土地增值收益。接下来，我们就要研究地方政府在多大程度上能"捕获"这部分增值收益，也就是说轨道交通开发带来的土地价值增值在多大程度上被房地产开发商以土地出让的方式传递给政府。

由表 6-8 可知，轨道交通对土地出让市场的溢价强度为 26.63%（轨道

交通站点周边 600 米范围内），对新建商品房市场的溢价强度为 10.06%（轨道交通站点周边 600 米范围内）。然而，仅从溢价强度上无法判断溢价在开发商和地方政府之间的分配情况。为此，本节从土地出让样本和新建商品房样本中选取了 51 组对照样本（见表 6-9），通过估算轨道交通对土地市场和新建商品房市场的溢价规模来计算轨道交通溢价有多少被政府所捕获，又有多少被开发商所占有。

表 6-9   51 组土地和新建商品房的对照样本

项目名称	区域	开盘时间	成交均价（元）	地块编号	土地成交时间	楼面地价（元）
御才名仕	江岸	2015 年	17 200	P（2012）041 号	2012 年	1 021
紫轩美佳	江岸	2011 年	11 000	P（2009）117 号	2010 年	2 357
中森华国际城	江岸	2011 年	8 200	P（2009）136 号	2010 年	1 490
中南 SOHO 城	洪山	2015 年	14 600	P（2012）274 号	2013 年	2 033
育才雅苑	江岸	2012 年	15 000	P（2008）011	2008 年	2 436
幸福湾	江岸	2014 年	8 080	P（2011）271 号	2012 年	1 467
星悦城	江岸	2014 年	8 549	P（2010）174 号	2010 年	1 729
万科汉口传奇	江汉	2013 年	12 973	P（2010）153 号	2010 年	1 985
万科翡翠国际	江汉	2016 年	29 000	P（2010）045 号	2010 年	2 278
天宇万象国际	硚口	2014 年	9 100	P（2010）116 号	2010 年	2 136
天宇盛世滨江	硚口	2012 年	23 000	P（2009）041	2009 年	2 454
天佳大城小院	武昌	2012 年	9 000	P（2010）114 号	2010 年	2 967
天合新界	东西湖	2011 年	6 100	P（2009）128 号	2010 年	1 555
盛世江城	江汉	2014 年	10 300	P（2010）168 号	2010 年	1 653
赛达国际	硚口	2013 年	9 500	P（2008）068	2008 年	1 676
融侨悦府	武昌	2014 年	9 500	P（2012）071 号	2012 年	2 225
青城华庭	青山	2012 年	7 200	P（2010）094 号	2010 年	2 851
绿地国际金融城	武昌	2011 年	13 600	P（2010）128 号	2010 年	3 482
联发九都国际	武昌	2013 年	12 500	P（2010）095 号	2010 年	5 068
联发九都府	硚口	2011 年	11 500	P（2009）054	2009 年	4 196
丽岛 2046	洪山	2014 年	12 000	P（2008）030	2008 年	1 357
九坤新城壹号	东西湖	2014 年	5 845	P（2012）286 号	2013 年	1 223
九坤秦南都汇	武昌	2011 年	10 550	P（2009）118 号	2010 年	2 864
九坤·五环华城	东西湖	2012 年	6 300	P（2010）084 号	2010 年	1 017

项目名称	区域	开盘时间	成交均价（元）	地块编号	土地成交时间	楼面地价（元）
锦绣龙潭	青山	2011 年	7 850	P（2009）025	2009 年	1 823
海赋江城天韵	江岸	2014 年	9 500	P（2012）229 号	2012 年	3 600
华享雕墅	江岸	2014 年	10 500	P（2008）029	2008 年	1 522
玫瑰馨苑	汉阳	2011 年	8 500	P（2010）016 号	2010 年	2 957
都市礼寓	江汉	2014 年	18 500	P（2011）023 号	2011 年	3 596
大江鑫港龙城	汉阳	2014 年	7 800	P（2011）218 号	2012 年	2 610
29 街	洪山	2012 年	10 000	P（2010）179 号	2010 年	1 811
锦绣龙潭	青山	2012 年	8 000	P（2009）025	2009 年	1 823
汉府上院	汉阳	2011 年	7 900	P（2009）119 号	2010 年	2 280
广电兰亭荣荟	硚口	2014 年	10 100	P（2012）070 号	2012 年	1 969
福星惠誉水岸国际	武昌	2011 年	9 600	P（2009）129 号	2010 年	2 657
福星惠誉东湖城	洪山	2013 年	9 888	P（2011）255 号	2012 年	1 960
二七新江岸生活广场	江岸	2016 年	11 800	P（2011）186 号	2011 年	2 250
V7 星公馆	洪山	2015 年	14 800	P（2012）037 号	2012 年	3 848
海联时代广场	硚口	2014 年	7 700	P（2011）099 号	2011 年	1 440
花样年幸福万象	洪山	2015 年	9 928	P（2012）068 号	2012 年	2 355
新长江香榭琴台	汉阳	2011 年	9 000	P（2008）013	2008 年	2 300
万博雅苑	汉阳	2011 年	7 900	P（2009）020	2009 年	2 108
107 公馆	青山	2011 年	7 830	P（2009）035	2009 年	2 100
德成长江国际	武昌	2014 年	15 100	P（2012）040 号	2012 年	1 057
东湖楚天府	洪山	2014 年	18 000	P（2011）024 号	2011 年	3 281
华亚新领地	武昌	2011 年	8 800	P（2009）021	2009 年	1 802
福星华府	江汉	2013 年	11 240	P（2010）156 号	2010 年	1 593
福星惠誉福星城	江汉	2012 年	8 500	P（2010）037 号	2010 年	1 621
汉江湾壹号	硚口	2015 年	10 300	P（2013）119 号	2013 年	3 513
海马公园	江汉	2015 年	14 000	P（2010）205 号	2011 年	6 034

根据表 6 - 9，计算 51 组数据的楼面地价均价和新建商品房开盘价的成交均价，分别为 2 348.6 元/平方米和 11 053.66 元/平方米。

根据支付意愿公式：

$$WTP = [\exp(\beta_2) - 1]P$$

我们可以得到土地出让市场的溢价规模为 717 元/平方米；新建商品房市场的溢价规模为 1 170 元/平方米。房地产开发商通过向地方政府支付土地出让金获得土地使用权。在这一过程中，地方政府将从房地产开发商那里捕获轨道交通开发带来的土地增值收益 717 元/平方米，剩下的溢价部分 453 元/平方米（1 170 – 717）则被房地产开发商无偿占有。也就是说，房地产开发商将轨道交通开发带来的土地价值增值中的 61.28% 以土地出让金的形式传递给地方政府，剩下的增值收益则被开发商无偿占有。

第五节　本章小结

本章研究主要从两个方面着手：（1）实证分析城市轨道交通开发是否能够资本化到土地出让价格中。（2）在此基础上，结合第四章和第五章的实证研究结果，进行跨市场研究和受益者分析，一方面考察轨道交通的开发利益在各受益主体之间的分配情况；另一方面了解地方政府采用"土地出让"的方式能够在多大程度上"捕获"轨道交通开发带来的土地价值增值。

结果表明，城市轨道交通开发对土地出让市场同样存在显著的溢价效应。具体来说，城市轨道交通能够显著提高站点周边 600 米范围内的土地出让价格，且 200 ~ 400 米范围内的土地溢价强度最高为 31.34%，其次为 200 米范围内的土地（溢价强度为 30.2%），400 ~ 600 米范围内的二手房溢价强度最低为 18.36%。总体来看，轨道交通对土地出让市场的溢价强度高于住宅销售市场。

此外，本章还结合第四章和第五章的实证结论，对城市轨道交通的溢价效应进行了跨市场研究和受益者分析。在跨市场研究方面，我们发现武汉市轨道交通对住宅销售市场（包括新建商品房和二手房）和土地出让市场的溢价范围相同，表明轨道交通开发对不同市场的影响具有较强的关联性，同时也说明居民和房地产开发商对轨道交通偏好的信息得到了有效的传递。轨道交通对以上三个市场的溢价强度由高到低分别是土地出让市场、新建商品房市场和二手房交易市场。对此本书的解释是轨道交通开发所带来的溢价在土地出让环节、新房销售环节和二手房销售环节被相关的受益主体层层捕获，因此地方政府、房地产开发商和二手房所有者所享有的溢价部分层层递减。此外，这也和这三个市场的垄断程度以及信息不对称程度相关。在受益者分析方面，我们发现虽然轨道交通能显著地资本化到二手房交易价格中，但由于中国当前地方政府没有针对存量土地的租金收入或通常意义上的房产税，因此，无法捕获轨道交通投资所带来的这部分土地价值增值，二手房所有者实际上无偿占有了这部分溢价。轨道交通开发同样能够在新房销售环节显著地资本化到房价中去，地方政府对这部分土地增值进行价值捕获的工具主要是通过出让国有土地使用权，收取土地出让金，为了解地方政府在多大程度上能"捕获"这部分增值收益，我们选取了 51 组土地出让与新建商品房的对照样本，以估算城市轨道交通对新建商品房产生的溢价中，有多少被地方政府通过"土地出让"的方式所捕获，还剩多少被房地产开发商无偿占有。通过试算，我们发现新建商品房的平均溢价为每平方米 1 170 元，土地出让的平均溢价为每平方米 717 元，后者约占前者的 61.28%，说明房地产开发商将轨道交通开发带来的土地价值增值中的 56.24% 以土地出让金的形式传递给地方政府，剩下的增值收益则被开发商无偿占有。该结论为之后土地价值捕获研究提供了经验证据。

第七章

税费型土地价值捕获机制为城市
基础设施融资

在美国，土地市场较为成熟，法规系统相对完备，通过地方法规征收房地产税或使用者费是实现土地价值捕获的主要财政工具。采用税费型土地价值捕获工具的主要优势是税或费所产生的收益具有可持续性，而且这种税费不会耗费有限的土地资源。2017 年底，时任财政部部长肖捷在《人民日报》发表《加快建立现代财政制度（认真学习宣传贯彻党的十九大精神）》一文，明确提出要按照"立法先行、充分授权、分步推进"的原则，推进房地产税立法和实施。随后，2018 年《政府工作报告》再次提出要稳妥推进房地产税立法。这些法规体系的改革，伴随着新一轮轨道交通建设的热潮，为实施税费型土地价值捕获带来更多机遇。因此，本章通过案例研究，深入探讨美国税费型土地价值捕获的内容与主要特点，并从中汲取经验。

第一节　美国传统的土地价值捕获机制

传统上，美国地方政府通过征税的方式为基础设施和服务融资，如房产税和销售税，或通过联邦政府和州政府的财政援助。迄今为止，房产税仍然是美国使用最广泛的土地价值捕获工具。通常房产税的征税对象是土地以及地上建筑物。该税种具有诸多优点：首先，房产税是累进税，意味着那些具有更高支付能力、拥有房地产价值更高的人，要支付更多房产税；其次，房产税税源广泛，只要拥有房地产的业主都要支付房产税，且因为房地产具有异质性和不可移动性，逃脱税款很难实现，基本可以做到应收尽收；最后，房产税是一种能够创造最小市场扭曲的财政工具，一般情况下，物业业主不会因为房地产税而搬离他们所生活的社区。

虽然在美国房产税是政府收入的主要来源，但地方政府收入中房产税的占比已从 1977 年的 80.5% 下降至 2009 年的 73.9%（Tax Policy Centre，2010）。从地方政府和州政府收入总和来看，房地产税占比下降幅度更大，从 1972 年的 35.6% 下降至 2005 年的 16.6%（Rueben and Rosenberg，2008）。事实上，这和美国公民普遍反对征收房产税息息相关。近几十年，公民反对增加税收的呼声越来越高。加利福尼亚州的反对尤为激烈，1978 年当地政府不得不通过第十三套提案，该提案将房产税限定为房产评估价值的 1%，对地方政府增加税收的权利予以限制，并提高了征收新税种的门槛。如前面所述，公共投资将会增加房地产价值，地方政府通过征收房产税收回一部分房地产增值收益，从而用来满足提供公共服务的需求。这一工具不受欢迎的主要原因可能是房产税的收入并不必然地同某一征税街区的基础设施或社会服务投资相关。

地方税收通常流入一般基金，在税收需求竞争中，很难优先考虑轨道交通建设。房产税和其他地方政府收入，通常流入政府的一般基金，大部分用于行使地方政府职能。在实践中，最大一部分收入用于教育、警察和消防，其余大部分用于支付工资和薪水，只留很少一部分用于基础设施和服务，包括轨道交通。然而不同于自来水供给、污水处理和电力供应，轨道交通无法通过票箱收入平衡运营成本。美国的轨道交通部门承受着巨大的财政压力。虽然轨道交通建设资金有限，美国越来越多的地方政府和州政府正在积极地建设公共轨道交通系统以增强城市的核心竞争力。此外，美国联邦政府通过颁布《地面交通联合运输效率法案》，以促进土地和交通一体化发展。《21 世纪交通平等法案》，安全、负责、灵活、高效的交通平等法案（SAFETEA-LU）等，进一步强化了对轨道交通的需求。事实上，美国对轨道交通需求一直在增长，2008 年美国轨道交通共载乘客 110 亿人次，创下了 1956 年以来的最高纪录（Nelson Nygaard，2009）。

一方面，美国缺乏通过提高房产税增加财政收入的能力；另一方面，地方税收并不能满足轨道交通建设的需求。因此，美国地方政府纷纷寻找非税收入来源，如使用者费，试图通过更加清晰地界定收入的使用范围进行土地价值捕获。以下将介绍美国最常用的土地价值捕获工具：特别评估区，影响费和税收增额融资。

第二节　特别评估区案例分析

一、特别评估区

特别评估区（special assessment district，SAD）是一种政府实体，在特定的区域内提供一种或多种公共服务，通常独立于一般政府机构。特别评估区的运作基于受益原则，采取成本回收体系（Snyder and Stegman，1986）。特别评估区根据业主直接受益程度征收一笔费用，即评估费，进而提供公共基础设施和服务。在美国，大多数特别评估区提供以下六种服务：电力、交通、医院、住房和社区发展、自来水和地下水（Porter，Lin and Peiser，1992）。

从20世纪早期开始，由于快速城镇化，对新建基础设施的需求旺盛，特别评估区也逐渐流行起来。大萧条时期，许多特别评估区由于房地产价值的下降而破产。然而，随着经济危机的结束，特别评估区迎来了前所未有的发展。另外，特别评估区特别适用于快速城镇化和城市周边地区。

最近几十年，美国各州开始使用特别评估区为公共交通融资。20世纪80年代，一些大城市如洛杉矶、华盛顿采用特别评估区为轨道交通项目融资。进入21世纪，更多城市开始采用特别评估区为交通基础设施融资，如西雅图、波特兰等（Mathur，2007）。

特别评估区对房地产价值的影响是基于以下一些属性：房地产评估价值、面积、是否临街以及用途（Nelson，2008）。衡量特别评估区对房地产价值的影响通常采用以下三种方法。

（1）"效益评估"或"增值"的方法：此方法根据房地产价值的增值来决定评估费的多少。

（2）"分区"方法：这种方法根据到交通设施的可达性来决定评估费的多少。可达性越高的区域，评估费越高。

（3）"面积"方法：评估费和房地产所占有的面积成正比（Lari，2009）。

二、开发案例：华盛顿特别评估区模式

（一）华盛顿都会区交通局概况

华盛顿都会区交通局（The Washington Metropolitan Area Transit Authority，WMATA）成立于1967年，负责建立区域性交通系统，包括公共交通系统和轨道交通系统。1976年华盛顿都会区第一条轨道交通线路红线开通，随后又开通了四条线路，共设站点84座，线路总长度为103英里。红、橙、蓝、绿、黄五线形成了华盛顿特区的轨道交通网络（WMATA）。

纽约大道地铁站是华盛顿特区首个填充式地铁项目，它的建立是当地土地所有者、华盛顿特区政府、联邦政府和华盛顿都会区交通局共同合作的结果。该站点位于诺玛（NoMa）地区北部，在红线的联合站和布伦特伍德站之间。20世纪90年代，诺玛还是一个经济落后的地区，但由于靠近市中心，华盛顿的规划者们决定对该区进行再开发。然而，由于当时诺玛区交通拥堵问题十分严重，纽约大道地铁站被视为重建该区的先决条件（PB Consult）。

纽约大道地铁站始建于2002年，并于2004年投入使用。该站点建设资金来自土地所有者、华盛顿特区政府和联邦政府。纽约大道地铁站的建设难点在于它必须在不干扰已经繁忙运行的红线的情况下施工，这增加了项目的复杂性和费用。由于公共资金的匮乏，华盛顿特区交通部门建议诺玛地区的土地所有者分担一部分建设成本。该项提议最终被接受，特别评估区范围内的土地所有者同意贡献2 500万美元作为项目建设成本，未来30年通过缴纳评估费支付。

纽约大道地铁站项目的建设总成本约为1.099亿美元。各机构的费用分担为：华盛顿特区政府用于修建地铁站的资金拨款为5 340万美元，占比为48%；华盛顿政府用于修建步道桥的资金拨款为650万美元，占比为6%；特别评估区融资2 500万美元，占比为23%；联邦政府资金拨款为2 500万美元，占比为23%。[1]

---

[1]　资料来源：WMATA官方网站。

（二）特别评估区的设立

特别评估区的设立基于以下标准：（1）评估费的计算是基于当前房地产价值，并且不随时间而改变；（2）评估范围为纽约大道地铁站周边 1/2 英里以内的物业。（3）特别评估区仅包括商业地产，且业主拥有超过 10 000 平方英尺的土地。（4）住宅物业免征评估费。（5）免征房产税的物业（如教堂、医院等）也免征评估费。（6）评估费追溯至 2000 年 12 月（District of Columbia Official Code，2001）。

评估费分 30 年征收，每年征收评估费总额的 1/30。评估费的计算公式是：特别评估因子（special assessment factor，SAF）乘以每宗地块 2000 年的土地价值。特别评估因子是由每年应缴评估费除以评估区内所有物业价值的总和得到的。换句话说，每个业主按其 2000 年的土地价值占比缴纳评估费。特别评估因子还会根据每年的征收目标进行调整。

通过建立特别评估区为纽约大道地铁站融资，支付部分项目建设成本，帮助联邦政府平衡项目资金。作为回报，特别评估区也为当地居民带来巨大利益。首先，联邦政府在当地设立一个新的 ATF 总部，并带来了 1 100 个就业岗位。其次，纽约大道地铁站的建立成功为诺玛地区吸引了大量的私人投资。据统计纽约大道站点周边步行范围内的私人投资额达到 15 亿美元。再次，为周边居民出行提供了方便。由表 7 - 1 可知，2004 ~ 2009 年搭乘地铁的乘客增长了一倍。最后，站点周边的 35 个街区的房地产估定价值从 2001 年的 5.35 亿美元增值到 2007 年的 23 亿美元，六年间增长了 4 倍以上。

表 7 - 1　　　　　　　　　　纽约大道地铁站的乘客人数

日期	每月乘客人数
2004 年 11 月 ~ 2005 年 10 月	55 863
2005 年 11 月 ~ 2006 年 10 月	71 970
2006 年 11 月 ~ 2007 年 10 月	85 701
2007 年 11 月 ~ 2008 年 10 月	104 404
2008 年 11 月 ~ 2009 年 10 月	121 298

资料来源：WMATA。

（三）利益相关者的参与过程

获得利益相关者的支持，是特别评估区成功的先决条件。华盛顿住房和社区发展部纽约大道专案组，为了争取纽约大道地铁站项目通过，积极地与利益相关者沟通和协调。总体来说，纽约大道站项目获得了广泛的社会支持。只有大都会区步道支持者和诺玛区的土地所有者在最初对该项目提出了异议。

大都会区的步道支持者们最初反对修建纽约大道站。因为他们本来打算在该站点附近修建一条小路，连接8英里长的步道，若修建纽约大道站，这个计划被取消。为了解决这个问题，华盛顿都市地区高速运输管理局（WMATA）同意在地铁上方修建一座步道桥，以满足步道支持者的需求。

获得土地所有者的财政支持经历了一些波折。诺玛区的土地所有者最初想通过支付评估费来抵扣房地产增值税，他们声称同时缴纳评估费和房地产增值税属于"双重征收"。为此，华盛顿特区政府专门聘请经济学家调查"双重征收"的控诉。调查结果发现，站点周围土地价值的增值将是建设成本的100倍，基于这个结论，土地所有者放弃了"双重征收"的控诉，并同意支付2500万美元的建设成本。

（四）案例分析

纽约大道地铁站特别评估区项目从提出申请到获批准实施在较短时间内完成，筹集了建设所需的基金，这个成功案例有四个方面的特色值得总结借鉴。

第一，法定性。美国各州的法律要求对特别评估区的形成产生了重要的影响。纽约大道地铁站的特别评估区是按照《弗吉尼亚州州法令》的相关规定提出的。华盛顿特区政府颁布的《2001纽约大道地铁特别评估授权紧急法令》为纽约大道地铁站的特别评估区的设立进一步提供了法律保障。

第二，公众性。大多数情况下，特别评估区必须获得大多数利益相关者的支持才能通过。从纽约大道地铁站项目的提出到方案修改全过程中，一直贯穿着多形式的公众参与。纽约大道地铁站专案组（又称 29 行动）在获取当地居民的支持过程中，付出了巨大努力。29 行动小组与社区成员举行了多次会议，并与土地所有者进行了详尽的谈判。最终，土地所有者的捐款占项目总成本的 1/4，表明了他们对该项目的支持。政府部门顾及广泛的利益相关者的立场，并与最初反对建立该站的利益团体进行谈判以达成共识，如投资 650 万美元建设步道桥。这些努力为该地铁项目及特别评估区的批准打下了正面的"群众基础"。

第三，公平性。特别评估区的公平性可从横向公平和纵向公平两个方面考量。评估费的计算方法非常简单，即根据业主 2000 年资产的评估价值按比例分摊评估费。只有距车站步行范围内的大型商业物业（超过 10 000 平方英尺面积）需要缴纳评估费。这种计算评估费的方法是纵向公平的，因为较小的商业地产不需要缴纳评估费，税收负担主要落到了高收入群体身上。这种方法也是横向公平的，因为只有那些可能受益于该站点的物业需要缴纳评估费。通过要求车站附近所有受益业主缴纳评估费，可以进一步加强横向公平。然而，为了加快项目进度，住宅物业被排除在外。评估费的计算是基于 2000 年资产的评估价值，而不是基于未来的收益。这种评估费的计算方法可能降低了横向公平性。

第四，收益性。这主要考虑收益的增长性和稳定性。一般义务债券为站点建设融资 2 500 万美元，评估费的收入将用于偿还债券。收益率是预先确定的，不随着时间的推移而增长，因为它是在 30 年内摊销的。此外，鉴于站点带来的土地增值，未来土地所有者没有理由反对支付每年的评估费，稳定性得到了保障。

（五）使用特别评估区的其他考虑因素

第一，组织能力。在本案例中，纽约大道专案组（29 行动）的组织能力受到肯定。华盛顿都市地区高速运输管理局（WMATA）一直专注于联合开发项目，并享有美誉。然而，华盛顿特区政府的组织能力可能有限。这种能力的缺乏表现在它匆匆接受了土地所有者提出的捐赠 2 500 万美元的提议。而通过进一步研究发现，土地价值的增加是车站成本的 100 倍以上，土地所有者应该贡献更大比例的建设成本。

第二，管理重叠问题。特别评估区的管理重叠问题是指特别评估区的扩散可能导致多个政府为同一个社区服务的状况。这些机构通常提供类似的服务，这种功能重叠将使协调服务变得复杂，并且降低服务效率。

第三，监管问题。特别评估区投票权是基于财产资格而不是居住权确定的（McCabe，2000），因此反对者经常对特别评估区的民主性质疑。此外，大部分居民可能认为特别评估区属于市政部门的一部分，因此不会特别予以监督。由于缺乏公共监督体系，特别评估区运作的透明性往往受到诟病。

第四，房地产市场条件。特别评估区需要强大的房地产市场支撑。当特别评估区形成新的城市化区域时，房地产市场的影响尤为重要。特别评估区特别依赖于房地产市场的发展前景，如果预期的增长并没有实现，现存的房地产业主可能承受沉重的负担（Meisner and Firtell，1990）。

第三节　影响费案例分析

影响费是一种开发强制性收费，即要求开发商提供公共设施、基础设施、资金或实物补偿（如捐献土地）。史密斯（Smith，2008）指出，收取影响费是为了补偿公共部门提供基础设施和服务的一部分资本成本。根据使用目的的不同，影响费有各种各样的叫法，如"增容费""设施费""影响开发费"等，但这些概念背后的基本理念都是一样的，即开发商向当地政府支付一笔费用，用于提供新开发项目的基础设施和服务。

一、影响费在美国的应用

在美国，影响费用于为各种各样的基础设施和服务提供资金。最常见的用途是饮用水和地下水设施的铺建，其次是交通项目，如公路和高速公路。影响费还用于修建图书馆、公园、学校、警察局、消防设施和紧急医疗设施（Nelson et al.，2008）。

虽然影响费经常用于交通项目，如公路、高速公路和桥梁建设，但却很少用于公共交通项目。美国至少有 14 个州明确禁止使用交通影响费，仅有 20 个州通过立法允许使用交通影响费，然而真正使用交通影响费的案例却是凤毛麟角（Nelson et al.，2009）。2008 年的一项研究表明交通影响费不常被使用的原因主要有两点：首先，美国大部分州的法律都明文规定交通影响费仅适用于资本支出，禁止用于经营支出。然而，联邦政府通常已经对交通资本支出进行了补助，因此交通部门并不看重交通影响费。其次，负责收取交通影响费的部门通常和提供交通服务的部门相分离，影响费由地方政府收取，而交通投资通常由政府机构之外的独立部门完成，这种组织机构的分离可能使交通影响费的使用变得十分复杂。

二、开发案例：旧金山交通影响开发费

旧金山交通影响开发费（TIDF）开征于 1981 年，是在公共交通需求增加以及市政财政吃紧的背景下产生的。一方面，从 20 世纪 70 年代开始，旧金山市中心的商业地产进入了蓬勃发展期，随之带来了人口集中和交通拥挤，同时也改变了人们的出行方式。为了避免拥堵，越来越多的人摒弃私家车而选择乘坐公共交通工具。人们对公共交通的需求陡然上升。另一方面，在开征交通影响开发费之前，旧金山市的公共交通支出来自一般市政基金。然而，随着对公共交通需求的增长，市政基金难以维持，而且对公共交通的过多投入引起了纳税人的不满，因此，当地政府积极地寻找其他融资方式，为商业地产的繁荣带来的新的公共交通需求提供资金。最初，交通影响开发费只为穿过旧金山市中心的公共交通线路融资。然而，随着商业地产由市中心向外发展，对城市公共交通的需求也开始向外延伸。交通影响开发费的资助范围包括新建公交线路、延长现有公交线路、增加现有公交服务、购置新车辆、建设候车亭等（City and County of San Francisco，2008）。

交通影响开发费的征收对象是旧金山范围内超过 3 000 平方英尺的新建商业用地。在同一地块，当新开发的土地面积超过 3 000 平方英尺时，开发商就要为所有新开发的土地面积缴纳交通影响开发费（包括达到

3 000 平方英尺以前新开发的土地）。根据土地用途的不同，交通影响开发费的征收标准为每平方英尺 8~10 美元。交通影响开发费在建筑许可证发放之前，由建设质检部门进行评估并征收，然后，由旧金山交通运输局（SFMTA）负责管理和支配。此外，交通影响开发费还要根据消费者价格指数的变化每年调整一次。特别值得注意的是，通过交通影响开发费所筹集的资金不能超过维持基本服务水平 45 年开发有效期所需的资本和运营成本。这些资金被存放在由司库监管的信托基金中，用于各种资本和经营费用的支出。

三、使用影响费的主要考虑因素

第一，法律因素。从法律角度看，影响费不是一种税收，而是一种使用者费（Altshuler and Gomezlbanez, 1993）。尽管地方政府在"管制权"下拥有广泛的义务保护公共健康、安全和福利，但没有经过选民同意情况下，他们不能随意征税（Nelson, 2008）。因此，当地政府通常依赖"管制权"，使用影响费使其合法化（Smith, 2008）。将影响费描述为一种费而不是税，与需要开发商支付的影响费和其提供的开发服务有直接关系。在法律层面，费必须有"合理联系"和"大概比例"，以便使用它时可以进行评估。

第二，政治上的可接受性。影响费未必总是政治上可行的。首先，如果当地人口出现负增长，那么影响费将成为经济增长的障碍。其次，在地方政府看来，影响费将提高土地开发成本，从而不利于经济增长。最后，在不增加现有居民税收负担的情况下，要提供新的基础设施和服务，地方政府不得不提高当前的费率或增加新的费种，这可能遭到民众的反对。反对者还对收取影响费的合法性质疑。他们认为影响费可能放纵地方政府滥用职权（Peters, 1994）。他们进一步控诉影响费具有歧视性、违反平等保护原则并侵犯产权。

第三，房地产市场状况及增长速度。影响费适合快速增长地区，具有旺盛的房地产需求（Tischler, 1999）。快速增长地区对公共基础设施和服务的需求往往超过政府的财政能力。在这种情况下，影响费可以作为一种额外的收入来源，促进当地发展。

第四，行政机构能力。在美国，影响费的使用在各州之间差别很大。许多州对于如何使用影响费基金缺乏明确的准则。法院有权利否决地方影响费条例，并要求地方政府退回基金，因此，在缺乏明确的州立法的情况下，地方政府使用影响费可能面临风险。此外，使用影响费对行政管理和专业技术能力要求较高（Lillydahl，1998）。

针对美国一些城市的研究发现，收取影响费将提高房地产价格，从而造成纵向不公平。金县影响费使新建住宅房地产价格提高了166%（Marhur，2007）。此外，影响费使迈阿密县的现有住房价格提高了60%。加利福尼亚州影响费最高，一项2008年的研究发现，在同一个管辖区内，收取影响费的单身公寓均价为19 536美元，远高于全国平均水平（11 276美元）（Nelson，2009）。

第四节　税收增额融资案例分析

类似于特别征税区（SAD），税收增额融资也是事先划定某个地理区域，但不引入新的税种，而是由专门的管理机构在现有土地增值税收中划拨。"TIF区域"划定后，房地产价值在一个周期内（通常是10~25年）被冻结，新的公共投资将会增加房地产价值，房产税收入也随之增加（Paetsch and Dahl-strom，1990）。房产税的增额，即当前房产税收减去基年房产税收，将会划拨到税收增额融资部门，从而避免了这部分税收被原始课税单位瓜分。税收增额融资结束后，包含税金增收的所有税收再次由各个课税机关所共享。

在税收增额融资机制下，有两种方式为基础设施融资，分别是"费用发生拨款制"和"费用支出拨款制"。前者是一种缓慢的过程，随着税收增额收益的实现逐步发展。后者通过TIF部门以未来的税收增额背书，发行债券。债券收益可以作为发展基础设施的前期资本。尽管"费用支出拨款制"比"费用发生拨款制"的风险高，但大部分税收增额融资机构还是选择前者，作为项目的启动资金（Smith，2008）。

一、税收增额融资在美国的应用

税收增额融资在美国甚为流行。美国大部分州使用税收增额融资来抵抗城市衰落。尽管各州对衰落的定义不同，它通常表现为城市基础设施退化、污染严重、失业率高等。在理想的情况下，可通过建立"TIF 区"筹集公共资金用于环境治理和基础设施建设，从而抵御城市衰落（Paetsch and Dahlstrom，1990）。基于此，美国大部分州的法律都要求，建立"TIF 区"至少要满足以下两个条件之一：（1）该区域正处于衰落状态；（2）满足"除非不（but for)"的条件。"除非不"是指必须有足够的证据证明，该区域在没有公众干预的情况下，将不会得到改善，建立"TIF 区"是它得以发展的必要条件。例如，伊利诺伊州于 1977 年颁布的《州税收增额分配再发展法令》（*Illinois Tax Increment Allocation Redevelopment Act*）就明确规定建立"TIF 区"必须满足以下四个条件之一：（1）该区正在处于衰落状态；（2）该区被指定为自然保护区；（3）该区的土地有特殊用途（如矿山或采石场）；（4）满足"除非不"的要求，也就是市政当局必须证明如果不建立"TIF 区"，该区的状态不会得到好转。税收增额融资是否应该用于发展良好的地区，目前还饱存争议。然而一些州已经在并不衰落的地区使用税收增额融资促进经济发展和城市再发展（Marks L.，2005）。

在美国，将税收增额融资（TIF）用于轨道交通项目的案例并不常见。2008 年的一份报告显示，仅有 4 个州采用 TIF 为轨道交通项目融资，它们分别是伊利诺伊、宾夕法尼亚、格鲁吉亚和俄勒冈。TIF 通过两种方式为轨道交通项目融资：第一种是传统方法，即轨道交通站点及相关基础设施完全落在"TIF 区域"内，该区域所筹集的资金为所有基础设施融资，其中包括轨道交通项目。例如，芝加哥使用 TIF 收入的一部分为三个轨道交通站点融资（Smith，2008）。第二种是建立轨道交通特别征税区，TIF 收入完全用于轨道交通建设。在这种情况下，TIF 区只为轨道交通项目服务。例如，宾夕法尼亚建立了交通投资振兴区（TRIDs）专门为轨道交通项目融资。这些区域有别于特别评估区（SAD），交通投资振兴区的资金来源是税收收入，而特别评估区的资金来源是使用者费（CDFA，2007）。

二、开发案例：波特兰税收增额融资模式

波特兰（Portland）中央有轨电车系统规划并建成于 20 世纪末至 21 世纪初，一方面该系统将波特兰各社区串联起来，为居民提供了便利的交通服务；另一方面带动了沿线的经济发展。21 世纪初，在威拉米特河西岸相继建成了 4 条有轨电车线路，共设站 46 个。项目资金主要来自税收增额融资。

税收增额融资区在波特兰叫作城市重建区（Urban Renewal Areas，URA）。1951 年，国家法律授权允许俄勒冈州进行城市重建，并且同意使用联邦政府资金和 TIF 收入作为重建基金。1958 年，波特兰居民通过投票建立了一个专门负责城市重建的机构，称为波特兰发展委员会（Portland Development Commission，PDC）。

波特兰城市重建区的建立需要经过以下步骤：首先，确认该地区正处于衰落状态，且社区组织和 PDC 意识到重建该区的必要性；其次，当地居民和 PDC 必须在城市重建区的边界问题上达成共识。在处理这个问题时既要考虑经济、法律和政治因素，同时也要考虑到项目的效用最大化问题；最后，市议会批准城市重建区之前，要对项目的财政计划、合法性以及社会投入等进行考查（PSI，2010）。

（一）融资模式

一共有三个城市重建区（URA）为中央有轨电车项目融资，它们分别是北碎石区（North Macadam）、南方公园街区（South Park Blocks）以及河滨区（River District）。该项目采用"费用支出拨款制"，即以 TIF 背书所发行的债券作为项目初始资本，用未来这三个城市重建区的 TIF 收益进行偿还。特别值得一提的是，自 20 世纪 70 年代以来，联邦政府资金便不再资助城市重建区，TIF 收益成为城市重建区的主要资金来源。表 7-2 列出了 4 条中央有轨电车的资本构成。

表 7 - 2 波特兰中央有轨电车项目资本成本构成

有轨电车线路	LGS 医院至波特兰国立大学	波特兰国立大学至河滨景	河滨景至SW 吉布斯大街	SW 吉布斯大街至 SW 洛厄尔
轨道长度（英里）/类型	2.4/双轨	0.6/双轨	0.6/单轨	0.4/双轨
通车时间	2001 年 7 月	2005 年 3 月	2006 年 10 月	2007 年 8 月
资本预算（百万美元）	56.9	16.0	15.8	14.45
URA 的出资额（百万美元）	7.4	8.4	3.8	1.8
URA 出资占比（%）	13.18	52.5	24.05	12.46
URA 涉及的区域	南方公园街区	北碎石区	北碎石区	北碎石区

资料来源：波特兰有轨电车公司，波特兰有轨电车资本和运营资金（2010 年 9 月）各区 TIF 收益花费在中央有轨电车项目上的比例。

2002～2005 年北碎石城市重建区将大部分 TIF 收益用于资助中央有轨电车项目。如表 7 - 3 所示，2002～2005 年，中央有轨电车项目的资本支出占全部项目资本支出的一半以上。南方公园街区城市重建区 1998～2002 年资助 LGS 医院至波特兰国立大学之间的有轨电车项目。具体项目支出如表 7 - 4 所示。

表 7 - 3 北碎石城市重建区在中央有轨电车项目上的资本投入

项目	2000～2001 年	2001～2002 年	2002～2003 年	2003～2004 年	2004～2005 年	2005～2006 年
有轨电车项目支出（美元）	23 387	28 726	1 301 113	4 512 619	6 559 490	184 949
所有项目支出（美元）	2 040 059	1 683 925	2 503 041	6 382 047	8 500 280	14 871 392
有轨电车支出占比（%）	1.15	1.71	51.98	70.71	77.17	1.24

资料来源：Hovee E，Jordan T. Streetcar-Development Linkage：The Portland Streetcar Loop［R］. Vancouver：E. D. Hovee & Company LLC，2008.

表 7 - 4 南方公园街区城市重建区在中央有轨电车项目上的资本投入

项目	1998～1999 年	1999～2000 年	2000～2001 年	2001～2002 年
有轨电车项目支出（美元）	163 671	7 915 850	8 866	196 319
所有项目支出（美元）	12 780 443	11 587 773	1 907 910	13 948 340
有轨电车支出占比（%）	1.28	68.31	0.46	1.41

资料来源：PDC 年度财政报表，http：//www. pdc. us。

（二）案例分析

北碎石区、南方公园街区和河滨区三个城市重建区，使用税收增额融资为波特兰中央有轨电车项目提供资助，筹集建设所需的资金。这个成功案例有以下几个方面的特色值得总结借鉴。

1. 有利的法律环境

俄勒冈州的立法明确规定允许 TIF 收入用于交通运输投资。因此，使用 TIF 为波特兰中央有轨电车项目融资，并未遇到法律挑战。然而，值得注意的是，该法律也规定 TIF 收入只能用于资本支出，禁止用于运营和维护支出。这使得使用 TIF 资金购买车辆成为法律的灰色地带，限制了 TIF 在轨道交通项目上的投资力度。

2. 利益相关者的支持

波特兰创建城市重建区获得了广泛的利益相关者的支持。当问题出现时，市政当局能够及时有效地和利益相关者进行协调沟通。

3. 较强的组织能力

城市重建区成功运行需要强大的组织能力。管理城市重建区涉及的一些活动（如发行债券、进行前期研究、处理公共关系）需要大量的人力资源。PDC 在建立和管理城市重建区上发挥了关键作用。

4. 公平性

首先，将 TIF 资金用于公共交通项目是横向公平的，因为城市重建区筹集的资金专门用于该区域范围内的资本支出。其次，TIF 资助中央有轨电车项目还加强了纵向公平。因为相比高收入群体，低收入群体从中央有轨电车中的受益程度更大（Hovee and Jordan，2008）。

（三）使用税收增额融资模式应该注意的事项

第一，利益相关者的支持。公众支持对 TIF 的成功至关重要。附近的居民受到 TIF 的影响最大。在许多情况下，TIF 用于影响力较高的项目，如房屋拆迁和重建。尽管有些居民认为拆迁和重建将带来经济效益和审美效益，但也有些居民可能担心邻里关系的转变和对历史建筑的破坏。

其他政府机构和商业团体的支持也十分必要。发展金融机构理事会（CDFA）列出了四个对 TIF 成功起关键性作用的团体。它们分别是发展部门、金融机构、商会和私人及非营利实体。城市的发展部门作出关键的发展决策，并且管理 TIF；金融机构为 TIF 项目提供贷款，并设置贷款条件；商会中实力强大的商界领袖，能为 TIF 项目提供必要的支持；私人营利性实体，如能源供应商，可能是 TIF 关键支持者，因为他们参与 TIF 可获得商业利益。非营利机构也是重要的利益相关者，他们的工作经常和 TIF 发展紧密相连，如提供经济适用房的 TIF 项目，并且可以获得政治和财政的支持。

第二，房地产市场状况。TIF 的成功取决于 TIF 融资项目能够提升 TIF 区内房地产的增值能力。如果房地产没有增值，甚至贬值的话，TIF 区还将面对偿债困难的问题。因此，TIF 收益的持续性非常重要。鉴于 TIF 融资项目存在财务风险，这就需要地方地府对 TIF 区进行广泛的财务可行性分析，当结果显示 TIF 区具有可持续的房地产增值潜力，才可以考虑建立 TIF 区。此外，还应该根据市场变化不断调整发展计划，并按期进行。

第三，组织能力。建立和维护 TIF 区，需要强大的组织能力。TIF 是一个复杂的系统，需要各方面的专家，如市政债券融资专家、经济专家、房地产评估师、土木工程师、金融分析师和咨询师。

第四，公平考虑。一方面，TIF 导致物业价值上升，可能造成纵向不公平。不断上涨的租金和房地产税收负担落在低收入阶层身上。这些家庭被迫搬离他们原来生活的社区，使得该社区"中产阶级化"。因此，使用 TIF 时应该考虑到低收入阶层，给他们带来最小的影响，如用一部分 TIF 收入为低收入居民提供住所和发展机遇。另一方面，在 TIF 区内划拨房地产税增额部分，可能造成其他税务机构的损失，从而引起横向不公平。美国有一些州，如加利福尼亚州，试图通过 TIF 区与其他税区共享增值收益来解决这个问题。

第五节　我国采用税费型土地价值捕获的政策建议

一、税费型土地价值捕获机制的本土化分析

前面介绍了土地私有制国家（如美国）通过征收房产税或相关税费实现土地价值捕获，为公共服务和基础设施融资。那么这些机制是否也同样适用于土地公有制国家（如中国）？以税、费为基础的土地价值捕获旨在对土地增值收益进行渐进式回收，为地方政府提供持续稳定的财源，这种回收机制的执行基础是能够在房地产保有环节征收房产税。然而，在有关房产税争论中，普遍存在这样一个观点，认为在土地公有制背景下，国家通过土地出让金获得土地租金，再开征房产税具有重复征收的性质。事实上，从土地价值捕获的角度看，房产税并不是土地私有制的必然产物，而且它与土地出让金也并不冲突，一个良好的房产税制度实际上与土地增值分配机制息息相关（何杨等，2015）。

工业化革命之后，土地价值以惊人的速度增长。洪等（Hong et al., 2010）提出了影响土地价值的五个因素：（1）公共基础设施投资和社会服务；（2）土地性质的改变；（3）人口增长和经济发展；（4）私人投资增加土地价值；（5）土地的原始生产力。可见，土地价值增值是公共部门和私人部门共同投资的结果。为了防止个人完全垄断土地增值价值，人类社会开始采取各种方式探索如何更加合理地进行土地增值分配，公有制、房产税、收费等形式由此产生，并在不同国家和地区得到了践行。无论采用什么方式，基本原理都是政府作为公共部门，凭借税、费或其他财政手段，将归因于社会贡献的土地价值增值转化为公共财政收入，从而为公共服务和基础设施提供资金。

从这个角度看，房产税实际上是具有土地价值捕获功能的受益税。一方面，房产税的土地价值捕获功能体现在它具有捕获因政府公共投资增加所带来的房地产价值增值的功能，即地方政府可以通过征收房产税参与房地产价

值增值的分配（石子印，2013）。政府对城市基础设施和公共服务的投资通过资本化提高了房地产的价值，房地产价值的升值会带来房产税税基（评估值）的增加，房产税税收收入也会随之增加（吕雅慧，2012）。另一方面，房地产具有受益税的本质属性。根据受益论，房产税就是辖区内的居民为其所享受到的公共产品和服务付费，房产税用于提供教育、卫生、基础设施等公共服务，纳税人能够直接从税收支付中得到公共服务提升的好处，房产税实质是为使用公共服务付费，而不是义务性税收。将房产税打造为直接受益税，是提高公众的税收遵从度、规避房产税引发税收革命的唯一举措。基于以上分析，房产税本质上是地方政府捕获公共投资带来的土地价值增值的一种方式，与土地是否公有没有直接联系。

要理解房产税与土地出让金并不冲突，厘清地价、地租和房产税之间的关系。地价是指在土地交易市场中，土地所有者向土地需求者让渡土地所有权所获得的收入。在我国土地公有制背景下，土地不得买卖，地方政府通过出让一定使用期限的土地使用权获得一次性支付的土地租赁价格，即土地出让金，这是土地最初租赁时的价值。地租即年度租金收入，是指土地所有者凭借土地所有权获得土地租赁期间所产生的经济收入，是土地所有权在经济上的实现形式。在土地公有制背景下，也可以按照租赁土地所获得的经济收入每年征收租金。房产税本质上是一种受益税，其税基是土地及地上建筑物的市场价格，由于政府提供的公共服务和基础设施的改善提高了房地产市场价值，房屋的所有者作为受益者，通过缴纳房产税为其享受到的公共服务付费。由此可以看出，地价和地租的设定依据与房地产税不同，可以作为不同的土地价值捕获方式同时存在。

中国香港地区就是一个典型的地价、地租和房产税并存的例子。香港特区政府拥有土地所有权，并采用土地批租的方式，出让一定期限的土地使用权（1997 年之后新批租的土地使用期限一律为 50 年），获得一笔土地出让金。土地使用者在土地使用期间还要缴纳地税。地税其实就是地租，按照土地的评估价值乘以《中英联合声明》中规定的税率进行征收。此外，香港地区还针对物业拥有者和占有者征收房产税，税基是每年对物业的评估价值，税率由立法会根据政府预算确定，目前为 5%，征收方式是以年为单位按季缴纳。除了中国香港地区，在以色列、瑞典、荷兰以及芬兰的部分城市，土地使用者不但要一次性缴纳土地出让金，还要缴纳房地产税。因此，房产税和土地出让金并不冲突。

二、税费型土地价值捕获在我国轨道交通基础设施投融资中的应用

房产税具有土地价值捕获的功能，对于地方政府扩大财政收入范围、提高政府公共服务效率、推动地方公共服务和基础设施建设有重要作用。作为一种受益税，房产税同样适用于土地公有制国家，这一前提为我国采用税费型土地价值捕获方式奠定了良好的理论基础。

目前我国直接将房产和地产作为征税对象的税种虽然多达14种，包括土地增值税、耕地占用税、城镇土地使用税、房产税、契税（土地）等。但是保有环节的税收只有城镇土地使用税和房产税，且房产税的征税对象只有经营性的房地产，比如商业地产和出租性的房产征税，因此，目前通过房地产相关的税种捕获土地增值效益在范围和数额上都非常有限。所幸的是，房产税在我国部分城市的试行，为税费型土地价值捕获方式在我国远期的施行打下了良好的法律基础。

具体到利用税费型土地价值捕获机制为轨道交通基础设施融资，是指政府将轨道交通沿线房地产的增值以税费的方式返还给轨道交通的建设者和运营者。即政府将从土地所有者或开发商处征收的不动产增值税收，按一定比例作为受益额返还给轨道交通企业。

若房产税在我国全面推行，通过借鉴美国土地价值捕获的经验，本书推荐使用税收增额融资（TIF）的方式为轨道交通基础设施融资。首先，税收增额融资更容易获得利益相关者的支持。一方面，相比房产税它更加清晰地界定了收入的使用范围，与所提供的基础设施服务挂钩；另一方面，相比影响费和特别征税区，由于税收增额融资不引入新的税种，更容易获得公众的支持。其次，税收增额融资将轨道交通影响范围内的房产税的增加额收归到某个专门部门，作为轨道交通建设和运营的经费来源，从而避免了这部分税

收被原始课税单位瓜分，提高了轨道交通建设部门的积极性。

为了更加直观地理解税收增额融资的土地价值捕获机制，本节以武汉市轨道交通开发溢价为基础，参照 2011 年颁布的《上海市开展对部分个人住房征收房产税试点的暂行办法》中的房产税征收办法，模拟实施土地价值捕获策略的资金收支状况。由于房地产税的征收对象是房地产的拥有者，因此税收增额融资的溢价回收规模是基于武汉市二手房数据的估算结果。

上海市的房产税征收具体方法为：

纳税人年应纳房产税税额 = 新购住房应征税的面积 × 新购住房单价 × 70% × 税率

根据第四章的估算结果，2014～2020 年武汉市新建轨道交通开发溢价规模为 1 277.3 亿元，房地产税适用税率定为 0.6%。进而可以计算出由轨道交通开发引起的房地产税的增加额为 5.36 亿元。这个增加额可以认为就是轨道交通开发溢价回收应该征收的金额，这部分金额应该返还给轨道交通公司。

从武汉市轨道交通建设和运营成本看，2014～2020 年新增 173.5 千米轨道线路，总投资为 1 148.9 亿元，资本金比例为 40%，其余主要通过申请银行贷款解决。在运营成本上，武汉市物价局的相关负责人表示，轨道交通单位人次票价与直接运营成本、应缴纳的税费之和相比，每人次亏损 0.25 元（武汉轨道交通票价听证会，2014）。目前，轨道交通二号线日均客流强度接近 1.5 万人次/千米，基于以上经验数据，可以推测出未来新建轨道交通的运营利润。国有银行对公共基础设施项目政府贷款给予标准利率 10% 的优惠减免，当前标准利率为 4.9%，优惠利率为 4.4%，项目贷款期为 10 年。模拟实施溢价回收策略后的资金收支状况见表 7-5。

表 7-5	武汉市轨道交通开发溢价回收方案	单位：亿元
项目	方案一（不回收）	方案二（全额回收）
总投资	1 148.9	1 148.9
资本金投入	459.56	459.56
银行贷款本金	689.34	689.34
年利息	3.03	3.03

续表

项目	方案一（不回收）	方案二（全额回收）
运营亏损	2.37	2.37
房产税增加额	5.36	5.36
溢价回收金额	0	5.36
年终总盈余	-5.4	-0.04

资料来源：《武汉城市轨道交通第三轨建设规划（2015—2021年）》。

从以上两个方案的对比来看，在没有政府补贴或更为可持续的溢价回收工具介入的情况下，轨道交通企业难以摆脱亏损的命运，每年的亏损额将达到5.4亿元。如果全部回收，轨道交通部门将基本保持盈亏平衡。因此，针对武汉市轨道交通的实际情况，本书建议全额回收房产税增加额，交给税收增额融资负责部门，反哺于轨道交通建设和运营。

第六节　本章小结

本章以美国税费型土地价值捕获工具为研究对象，通过案例分析，重点介绍了美国的房产税、特别征税区、影响费和税收增额融资的内涵、特点以及使用注意事项。虽然中国的税制体制与美国不同，尚无类似的应用实例，但随着中国房产税改革的推进，本章研究的内容对我国仍然有借鉴价值。

房产税是美国最为传统也是使用最为广泛的土地价值捕获工具，但近几十年来，它在市政预算中的比例却大幅下降。这主要是因为房产税缺乏清晰的成本收益联系，支付者并不清楚他们所缴纳的税收是否用于他们期望的公共服务，这使得公众对房产税有所抵触。

在各级财政压力下，美国开始积极探索以非房产税为基础的土地价值捕获工具，如特别征税区、税收增额融资等工具通过更清晰地界定收入的使用范围，从而使税费和提供的公共服务之间有"合理联系"和"大概比例"，比较容易得到利益相关者的支持。

本章重点介绍了特别征税区、影响费以及税收增额融资三种土地价值捕获工具。特别征税区是一种政府实体，是指在特定的区域内，由政府针对公共投资所创造的收益而征收的附加税，要求公共投资中直接获益的财产所有人支付成本。影响费是一种开发强制性收费，即要求开发商提供公共设施、基础设施、资金或实物补偿。类似于特别征税区，税收增额融资也是事先划定某个地理区域，但不引入新的税种，而是由专门的管理机构在现有土地增值税收中划拨。以上三种工具都可以为公共基础设施和服务融资，但具体采用哪一种，主要应该考虑以下四个因素：法定性、收益性、公众性和公平性。除此之外，当地的行政管理水平、房地产市场状况以及政治接受度也是使用这些工具时应该注意的事项。

中国的税制体制与美国不同，房产税尚未在全国推行，失去了税费型土地价值捕获机制的执行基础。然而，从土地价值捕获的角度看，房产税并不是土地私有制的必然产物，而且它与土地出让制度也并不冲突，一个良好的房产税制度实际上与土地增值分配机制息息相关。因此，房产税同样适用于我国。近些年，房产税在我国部分城市开始试行，为税费型土地价值捕获方式在我国远期的实行打下了良好的法律基础。结合我国的实际情况，通过借鉴美国土地价值捕获的经验，我们推荐使用税收增额融资的方式，并经过试算，发现若采用这种方式，轨道交通部门将能基本保持盈亏平衡。

值得注意的是，所有这些土地价值捕获手段都是对未来税费的预支使用，因此有一定风险。当经济衰退或房地产市场萧条而达不到预期水平时，政府部门就有可能陷入财政困境，因此地方政府部门还需要有替代的融资途径，如上级政府的补贴或下一章将要介绍的开发型土地价值捕获策略。

第八章

开发型土地价值捕获机制
为城市基础设施融资

世界上许多城市都面临着财政压力，其中一个长期争论的问题是公民是否应当为公共服务支付额外的税收和费用。政府尝试通过提高税费来补偿公共基础设施和地方服务的成本时，通常会遭遇公众的反对。财政的挑战引起了政府对非税费收入来源的兴趣，尤其是开发型土地价值捕获方式越来越受到政府的青睐。相较于税收或使用者费为基础的土地价值捕获方式，以开发为基础的土地价值捕获具有以下优势。

首先，纳税人通常反对以税收或费用为基础的土地价值捕获，因为公共干预所带来的收益定义模糊，预计的增值准确性可疑，测算方法定义不明。而以开发为基础的土地价值捕获涉及土地交易、开发权或空间权，土地价值因公共投资或管理变动而上涨，在价值创造和价值捕获之间建立了清晰的联系。其次，在以开发为基础的土地价值捕获中，土地价值增值的测算方法得到了利益相关方的一致同意。再次，开发型土地价值捕获更适用于物业税收入不足的地方（如过时的土地清册或薄弱的价值评估能力），也适用于发展中国家的大多数城市。最后，对于资本密集型的基础设施或公共服务（如轨道交通）的开发投资融资更具有潜力，同时不会带来重大的财务扭曲或额外税收或费用而引起市民反对。

开发型土地价值捕获的融资工具主要有发展权出售、出售或租赁土地、联合开发、土地重划和城市再开发（铃木博明，2016）。接下来本章将继续通过案例研究，对一些典型地区使用的开发型土地价值捕获工具进行分析。

第一节　中国香港"地铁＋物业"发展模式

香港特别行政区地铁的建设和运营由香港铁路有限公司（MTRCL）负责。其前身是香港地铁公司，成立于 1975 年，是由港英当局全资拥有的一家公用事业企业。直到 2000 年，香港特区政府将 23% 股权卖给私人投资者（Tang et al.，2004），2007 年香港地铁公司重组，合并九广铁路公司，成立现在的港铁（GovHK，2012）。

香港特别行政区独特的地理环境、治理结构、房地产市场状况以及高客流量，使依托房地产的发展为地铁融资创造了有利的条件。香港特别行政区位于中国东南部，由香港岛、九龙半岛、新界三大区域组成，总面积 1 104.32 平方千米。香港特别行政区是世界上人口密度最大的地区之一。截至 2014 年总人口约 726 万人，相当于每平方千米有 6 577 人（GovHK，2014）。此外，香港特别行政区是亚太地区主要金融中心，在这两个需求因素的联合作用下（强大的经济和密集的人口），香港特别行政区的房地产价格跻身世界之最。1997 年香港回归中国，并赋予特别行政区的地位，在"一国两制"的政策下，香港特别行政区在城市发展和公共交通政策制定上具有独立性，可以根据城市的特点量身定制。在此背景下，香港特别行政区形成了地铁周边高密度开发模式，不但带来了大量的乘客，保证票箱收入。

一、"地铁＋物业"发展（R ＋ P）模型

香港特别行政区作为世界上为数不多的地铁盈利城市之一，其成功的关键在于"地铁＋物业"的经营模式。"地铁＋物业"模式的中心理念就是将地铁的建设和运营与沿线的物业开发相结合，从而将物业开发所得利润用于支付轨道交通系统的建设和运营。香港特别行政区政府赋予港铁公司地铁周边的土地发展权和开发地铁站点的权利，基于修建地铁前的土地价值，港铁公司在土地开发过程中获得土地溢价。

截至 2011 年，港铁公司已经完成了 29 个站点开发，共提供 79 000 个住宅单位和 170 万平方米办公和商业场所。除了开发房地产，港铁公司还负责物业管理，包括 82 000 个住宅单位、12 个商场和 5 座写字楼（GovHK，2012）。2008～2011 年，港铁公司房地产发展的税收利润约 30 亿～40 亿港元，这部分利润占公司总利润的 30% 左右（MTRCL，2011）。房地产开发利润主要来自两种方式：开发商出售房地产所获得的共享利润以及持有的房地产股权份额。通常，住宅物业用于出售，商业和办公物业作为投资（HSBC，2012）。

然而，并非所有的地铁开发项目都适用于"地铁＋物业"的模式。该模式仅适用于对站点周边房地产具有高需求。事实上，2007 年以后港铁公司开发的 5 条地铁线路，仅有两条线路：即南港岛线（东）和观塘线延线采用了"地铁＋物业"的模式。可行性研究表明，南港岛线（东）和观塘线延线的建造成本分别为 124 亿港元和 53 亿港元，需要香港特别行政区政府的资金支持分别为 99 亿港元和 33 亿港元（GovHK，2012）。然而，香港特别行政区政府并未给予直接的资金资助，而是授予港铁公司两块国有土地的开发权，以发展地铁站点和周边设施。

二、"地铁＋物业"模式成功的关键

（一）清晰的视野

公共交通和土地利用一体化是香港特别行政区公共交通政策的五项原则之一（HKSAR，2010），该策略加强了轨道交通在公共交通系统中的作用。这些指导原则提供了明确的政策框架，加强了香港特别行政区政府对港铁公司采用"地铁＋物业"模式的支持，并为将土地开发权从香港特别行政区政府转向港铁公司提供了政策基础。在政府的支持下，港铁公司能够将"地铁＋物业"模式作为长期发展战略，反过来，这种模式也带来了高水平、专业化的房地产开发和管理（Loo et al.，2010）。

（二）与政府部门紧密合作

香港特别行政区政府拥有港铁公司 77% 的股份，使得港铁成为一个有效率的国有控股企业。与政府部门的联系紧密具有以下优势：首先，港铁公司在香港交通领域形成垄断，政府直接向港铁公司提供开发用地进行地铁和房地产的开发，港铁公司不会面临在土地征用过程中存在的争议。此外，政府和公司关系紧密还可能转化为有利的合同条款。例如，2007 年港铁公司将100% 政府控股的九广地铁公司收购旗下，港铁服务范围扩展至新界。据估计，九广地铁的市值约 105.7 亿港元，港铁公司仅花 77.9 亿港元即完成了收购（HSBC，2012）。不过，与政府部门紧密合作也可能存在消极影响，如强大的政府影响力可能干预公司的自由经营。

（三）强大的房地产市场

如前所述，香港特别行政区的房地产是世界上最昂贵的。此外，香港市民出行高度依赖于公共交通，占整个出行时间 80% 左右（LTA，2011）。因此，在香港交通可达性对土地价值有重要影响。港铁公司以地铁修建前的价格从香港特别行政区政府手中获得土地开发权，待地铁开通后，港铁公司出售或租赁开发的物业，从而获得全部溢价增值收益。在黄金地段和地铁站附近，增值效应更加明显。

（四）多元化发展以规避风险

港铁公司拥有多元化的收入渠道。从前，港铁公司的利润高度依赖于房地产，出售房地产收入占到全部股东收益的 32%。随着港铁收购九广地铁，这一比例下降至 11%。与此同时，地铁运营收入占比从 10% 提高到39%。多元化收入流，可以使港铁公司规避房地产市场的动荡和经济的下滑（HSBC，2012）。

三、"地铁 + 物业"模式在内地的实践探索

借鉴香港特别行政区地铁的成功经验，内地一些大城市结合自身特点，提出了土地综合开发模式。这种创新模式首次实践发生在广州，1992 年，广州启动了地铁 1 号线沿线物业开发项目，将 32 宗地块共 36.4 万平方米划拨

给地铁公司，由地铁公司自主选择物业开发商。开发商向地铁公司支付开发影响费，作为地铁的建设资金（郑明远，2003）。随后，上海、深圳、北京和其他城市也采取了类似的轨道交通综合开发模式。

然而，这种模式在国内面临着一些障碍，最主要的是土地使用权的获取问题。2007 年《物权法》^① 颁布以前，针对轨道交通综合开发模式中的土地使用权的获取问题，尚没有国家层面的法律条文予以说明。为此，国内一些城市颁布了当地的法律法规，为轨道交通综合开发模式提供了有利的法律环境。例如，广州在 1994 年颁布了《广州市地下铁道建设管理规定》，其中第四条明确指出应该将综合开发模式融入地铁建设的计划阶段。上海市于 1997年修订的《上海市地下铁道管理条例》明确规定，"地铁公司享有地铁沿线土地经营活动的优先权"。北京和深圳也颁布了类似的条例。这些条例为轨道交通建设采用综合开发模式提供了法律支持。2007 年施行的《物权法》第一百三十七条明确提出，"设立建设用地使用权，可以采取出让或者划拨等方式。但经营性用地，应当采取招标、拍卖等公开竞价的方式出让"。在此规定下，轨道交通部门若想获得沿线物业的二级开发权，必须通过招拍挂的方式，如此一来，提高了沿线物业的开发成本，土地二级开发权有可能被其他开发商竞拍获得，难以实现轨道交通综合开发的初衷。表 8-1 列示了香港和内地在"地铁+物业"模式上所存在的差异（李孟然，2013）。

表 8-1　　　　　　　香港和内地采用"地铁+物业"模式的不同

项目	法律和政策	土地政策	地铁沿线的土地使用权获取
香港	香港铁路条例（2007） 地铁条例（2000）	土地公有制	地铁公司按照建设前的地价取得地铁沿线未开发的土地，地铁开通后土地升值归地铁公司所有
内地	土地管理法（1986）	土地公有制	一级开发：平整土地，由生地变为熟地； 二级开发：通过"招、拍、挂"制度出让土地，进行物业开发

资料来源：李孟然. 深度"捆绑"的价值——香港"轨道交通+土地综合利用"模式概述与启示 [J]. 中国土地，2013（10）：8-11.

---

① 我国《民法典》已经出台，于 2021 年 1 月 1 日起实施，《物权法》同时废止。

四、中国香港"地铁＋物业"模式在中国内地城市遇到的难题

虽然中国香港"地铁＋物业"模式具备诸多优点，然而在中国内地城市进行推广还存在以下问题。

第一，香港特别行政区政府虽然拥有地铁公司76%的股份，但从不干预其经营活动，港铁公司在地铁的线路规划、站点设置、票价制定等方面均享有自主权，保证了公司的市场化运作。而内地地铁规划基本由政府主导，地铁公司难以实现收益最大化。

第二，在内地固定资产项目资本金制度的限制下，轨道交通项目建设之初必须投入一定比例的资本金，然而"地铁＋物业"模式中，政府主要以地铁沿线物业发展统筹商的地位和物业发展的利润预期为资本，而不投入实际资本，难以达到资本金的要求（Zhao et al.，2012）。

第三，在"招拍挂"制度下，政府不可能将地铁周边的商业用地直接划拨给地铁公司，地铁公司难以按照地铁建设前的价格取得地铁沿线未开发的土地。

第四，联合开发的项目仅限于最有利可图的站点。然而，大部分站点对公共服务至关重要但开发潜力有限，无法吸引私人部门加入。

第二节　发展权出售与额外建设潜力证明（CEPACs）

一、发展权转让

1947年，发展权的概念首次出现在英国的《城乡规划法》中。20世纪60年代，土地发展权作为一种规划手段引入美国。随后，发展权转让（the transfer of development rights，TDR）在全世界范围内迅速流行起来（Giordano M，1998）。

发展权转让是在分区管制实践的背景下产生的。出于对农业用地、

历史标志性建筑和环境的保护，政府通过分区管制政策将辖区内的土地划分为不同的类型，如商业用地、工业用地和住宅用地等。并规定了允许开发的强度，用一系列参数加以控制，如楼面面积与地块面积的比率，即容积率（FAR）、建筑高度限制、建筑退缩尺度等。一方面，分区管制限制了土地发展的选择，并可能对物业价值产生负面影响。另一方面，分区管制禁止不兼容的物业类型彼此接近，也有保护物业价值的作用。例如，不允许重工业区建在住宅小区附近（Shishir M，2014）。分区管制政策因其强制性和缺乏弹性以及可能对私人的财产权构成严重的限制而广受诟病。为了寻求更公平并具有弹性的分区管制政策，学者们提出了发展权转让的概念。

传统意义上，发展权被认为永久性地束缚在土地上。然而，从20世纪初开始，土地所有权逐渐被看作一系列发展权的集合，将发展权看作开放性和非捆绑性的，可以将土地的发展权独立出售，这种观点在美国特别受欢迎（Renard，2007）。简而言之，发展权转让（TDR）就是允许土地所有者将土地发展权转让给他人行使，转出发展权的土地叫作"发送区"，可转入发展权的土地叫作"接受区"（Johnston and Madison，1997）。"发送区"一般包括历史文化保护区、农田和环境敏感地带等，这些地区通常会受到严格的开发限制，而"接受区"通常包括有针对性的高强度开发区域，比如地铁站点周边的住宅区和城市中心。发展权转让的一种变形是发展权出售（sale of development rights），在这种情况下，不存在"发送区"或"接受区"，政府机构通过出售发展权（例如增加容积率），从而获得收益。

二、发展权出售或发展权转让的国际实例

在美国，到2007年约有181个TDR项目在33个州实施，受保护的农地、自然保护区和开敞空间多达1 213公顷（Landis，McGrath and Smith，2008）。在纽约州，TDR被广泛用于增加目标区域的开发密度。除此之外，金县、瓦城和蒙哥马利县主要采用TDR项目防止农村土地被城市化，这些土地通常是环境敏感并资源丰富的区域。另外，还有一些管辖区，像棕榈滩

县、西雅图和纽约市通过出售发展权，促进经济适用房的建设。棕榈滩县允许开发商购买发展权建设经济适用房。而金县和纽约市指定合适的"发送区"专门发展经济适用房。通过这样的设计，土地所有者可以出售未使用的发展权，在他们的土地上建设经济适用房（HUD，2009）。

发展权转让或出售在全球范围内不断流行起来。澳大利亚悉尼使用这一工具保护历史遗址（Tompson and Maginn，2012）；法国 Lourmarin 公社用其来保护农业区（Renard，2007）；哥伦比亚的库里蒂巴用 TDR 来保护农村和遗产（Suzuki et al.，2009）；印度的孟买允许出售发展权以刺激私人开发商建设经济适用房。

三、额外建设潜力证明：巴西圣保罗

（一）城市开发背景

圣保罗是巴西最大的城市，也是巴西东南和中西部发展的中枢。20 世纪 50 年代，进入工业化时期以后，圣保罗大都市区进入快速发展期，1940～1980 年，圣保罗市的国内生产总值增长了 10 倍，人口增长了 5 倍，达到了约 1 210 万人。然而，从 20 世纪 90 年代开始，圣保罗的经济出现了严重的去工业化现象（Bucalem，2012）。

收入和人口的快速增长和不稳定的政治及金融条件，再加上之前空间发展愿景和策略实施不当，都导致了城市的扩张。当前，圣保罗城市化率达到了 86.5%（世界银行），到 2025 年，可供开发的土地将出现严重短缺，但大都市区的人口却将要逼近 2 310 万人。

圣保罗是巴西土地价值捕获的先驱城市，由于缺少大量的财政来源，该市寻求通过土地价值捕获为城市基础设施提供资金。然而，由于过度的城市化和可供开发土地的稀缺，圣保罗政府不得不依靠出售发展权作为城市再开发的重要组成部分，CEPACs 机制就是在这一背景下产生的。

（二）CEPACs 机制

2001 年，巴西通过了国家级城市规划法案，称为《城市法令》（*Estatuto*

da Cidade），该法案是用来解决城市化快速进程中社会和经济不平等的问题。《城市法令》赋予地方政府制定政策的权力，以平衡个人产权与公共利益之间的关系（Institut P，2002）。此外，该法案一个重要贡献是创造了可交易的土地发展权，又称额外建设潜力证明（CEPACs），它允许地方政府出售基本分区以外的发展权，通过拍卖 CEPACs 来为特定区域的基础设施和服务融资。这样的特定区域称为"城市运营区"（UOs），政府通过干预促进这些地区的发展，吸引私人投资者提高城市运营区（UOs）的经济、社会和环境的质量（Sandroni，2009）。城市运营区的基础设施投资资金来源于公共投资、土地用途和土地使用改变创造的增值，而这部分增值将通过出售 CEPACs 来被回收。

CEPACs 的价格估值适用虚拟的土地方法。这一方法认为，房地产项目所创造的私人收益必须由开发成本、土地征用成本、房地产收益和增加值收益组成。CEPACs 的价格是拥有额外发展权地块的收益和没有任何额外发展权地块的收益之差。地方政府通过出售 CEPACs 进行土地价值捕获，防止房地产投机行为（Maleronka et al.，2013）。

政府发行的 CEPACs 的数量应该与指定的城市运营区当前和未来的城市基础设施的支撑能力相适应（Smolka，2013）。相应地，持有 CEPACs 的开发商允许开发的容积率可以高于基本分区所规定的标准容积率，但是容积率最大不能超过城市运营区中法律所规定的最大值。圣保罗的城市规划部门为该市设定的基本容积率为 1.0~2.0，这一范围的具体容积率取决于位置和土地用途（见表 8-2）。如果开发商希望超过基本容积率，以可接受的最大容积率（1.0~4.0 也取决于位置和土地利用）进行建设，他们需要通过购买 CEPACs 来获得额外的容积率。CEPACs 拍卖收益存入特殊的第三方账户，专门用于城市运营区的建设。这就意味着每次拍卖都在为事先决定的公共工程项目筹资。在资助基础设施建设的同时，没有带来赤字和公共债务（Sandroni，2009）。综上所述，CEPACs 背后的逻辑是开发商应当根据他们空间权使用的程度支付一定比例的基础设施建设成本，因为高密度开发需要更多的基础设施投资。

表 8－2	2002 年前后圣保罗基本容积率的变化			
2002 年战略开发规划中确立的土地用途分区	2002 年之前的土地用途分区	2002 年之前的基本 FAR	2004 年之后的基本 FAR	最大 FAR
专属住宅区（ERZ）	严格的水平独栋住宅区（Z1）	1.0	1.0	1.0
混合用途区（ZM）	主要的水平住宅区（Z9）	1.0	1.0	1.0
	主要的低人口密度区（Z2）	1.0	1.0	2.5
	主要的低人口密度区（Z11/Z13/Z17/Z18）	1.0	1.0	2.0
	主要的中人口密度住宅区（Z3，Z10，Z12）	2.5	2.0	4.0
	混合用途区和中高人口密度区（Z4）	3.0	2.0	4.0
	混合用途区和高人口密度区（Z5）	3.5	2.0	4.0
	特殊用途区（Z8）	3.0	2.0	4.0
	混合用途与商业服务区（Z19）	2.5	1.0	4.0
重组工业区（ZIR）	主要工业区（Z6）	1.5	1.0	2.5
	严格工业区（Z7）	1.0	1.0	2.5

资料来源：圣保罗城市规划网站。

（三）圣保罗市 CEPACs 的应用实例

目前，圣保罗有 6 个市议会批准的城市运营区（Sandroni，2009；Bucalem，2012）正在积极发展中。

1995 年，圣保罗首次采用 CEPACs 为 Faria Lima 筹集资金。然而，由于 CEPACs 的合法性存在争议，直到《城市法令》颁布，CEPACs 才在整个巴西范围内使用。2003 年巴西证券交易委员会（CVM）批准 CEPACs 可以作为自由流通的有价证券出现在巴西证券交易所（Ciro et al.，2006）。圣保罗政府迄今为止为两块城市运营区发行过 CEPACs，它们分别是 Faria Lima 和 Agua Espraiada。

正如前面提到的，通过 CEPACs 出售发展权为一个城市运营区融资，其总发行量的计算是基于该城市运营区的发展需要决定，即为了满足城市运营区基础设施和公共服务需要出售多少 CEPACs。例如，Agua Espraiada 城市运营区增设的被出售的区域相当于 375 万 CEPACs。CEPACs 的最低价格由当地政府决定，其依据是出售 CEPACs 所代表的每一个单位的发展权所创造的房地产价值的增值大小。CEPACs 的价值还和地块的位置有关，例如，在 Agua Espraiada 城市运营区，相对便宜的地块，每单位 CEPACs 相当于 3 平方米，相对贵的地块，每单位 CEPACs 价值 1 平方米。在 Faria Lima 城市运营区地块，CEPACs 价值在 0.8 ~ 2.8 平方米之间不等。

CEPACs 的出售价格是通过公共或私人拍卖由市场决定的（Ciro et al.，2016）。例如，2008 年，在 Agua Espraiada 对 186740 个 CEPACs 进行公开拍卖，起拍价为 230 美元/CEPACs，最终以 555 美元/CEPACs 成交，一共融资约 1.04 亿美元，用于提供经济适用房。

圣保罗市利用 CEPACs 创造了大量的资金收益。桑德罗尼（Sandroni，2009）估计 CEPACs 收益主要来自两个城市运营区，分别是 Agua Espraiada 和 Faria Lima，两个项目五年内共筹资 8.12 亿美元，相当于 2007 年圣保罗地区 58% 的房地产税收入。

（四）CEPACs 的优势及挑战

对于政府而言，CEPACs 具有以下优势（Albrecht，2010）：（1）CEPACs 可以在房地产项目开发之前，为地方政府筹集大量资金，用于提供基础设施和服务，同时不会增加公共债务，也没有动用预算资金。（2）地方政府使用 CEPACs，收益下滑和建设风险都相对比较低，却有很大的收益上升潜力。最糟糕的情况，也只不过是 CEPACs 流拍，政府的损失仅仅是组织拍卖会的成本。（3）如果 CEPACs 出售价格高于起拍价，政府将坐收全部收益。一般情况下，投标者的出价高于起拍价，因为他们对 CEPACs 带来的房地产增值的估值往往大于政府的估值，地方政府的最终收益是整个市场对房地产增值收益估值的最大值。（4）CEPACs 允许地方政府进入资本市场，从而大大拓展了城市发展的资本基础。

此外，CEPACs 也为房地产开发商带来了显著的好处。首先，CEPACs 提高了开发容积率，同时更改了土地利用性质。其次，CEPACs 具有一定弹性优势，房地产开发商不一定使用特定的地块，持有 CEPACs 的开发商可以将其使用在城市运营区内任何标注的地块。最后，房地产开发商可以自由地选择使用 CEPACs 的时间，比如在房地产需求旺盛的时候再使用 CEPACs。

CEPACs 为地方政府和当地房地产业的发展带来了显著好处的同时，也给他们带来了一些挑战。

对于政府而言，如果 CEPACs 项目不是城市综合发展计划中的一部分，CEPACs 产生的收入可能错用于无价值的项目，或者地方政府高估或低估了城市运营区的发展潜力，从而发行过多或过少的 CEPACs。另外，地方政府要有足够的技术和行政管理能力为 CEPACs 估计合理的价格。同时，CEPACs 的收入依赖于房地产周期，在房地产需求疲软期，CEPACs 也进入销售低迷期。此外，类似于其他可以买卖的有价证券，CEPACs 也可能出现投机活动。房地产开发商可能在 CEPACs 需求疲软时期买进，出于投机目的持有它们，再当房地产需求旺盛的时候卖出。在这种情况下，房地产开发商通过投机行为获得了本该属于地方政府的收益。CEPACs 不是持续的经济来源，一旦所有的发展权被售卖一空，CEPACs 的收入便停止了。

CEPACs 同样给房地产开发商带来了一些挑战。首先，房地产开发商要承担房地产市场风险。他们可能在房地产市场陷入低迷期之前，高价位买入 CEPACs。其次，房地产开发商还要承担建造风险，比如承诺由 CEPACs 融资的基础设施项目延期，或项目流产，房地产开发商就要承担相应的损失。最后，房地产开发商还要承担政策风险，新法案或新政策出台可能会对 CEPACs 的价值带来负面影响（Sandroni，2009）。

总体而言，CEPACs 或用来转让或出售发展权以及其他类似的工具，在具有以下特点的地区更容易成功：当地具有旺盛的房地产需求市场；法律环境或政府文化允许土地发展权从土地中分离出来，自由买卖；具有补偿土地所有者由于公共行为造成的房地产价值损失的强势文化；成熟的资本市场结构，允许发展权在二级市场自由交易和拍卖。

（五）CEPACs 与轨道交通开发

作为创新型的以开发为基础的土地价值捕获方式，CEPACs 已经为圣保罗多种城市基础设施筹资，包括路面拓宽、经济适用房建设、公园和娱乐设施的建设等。然而，CEPACs 收益几乎还没有为圣保罗的地铁建设提供资金。直接原因是城市运营区中的 CEPACs 通常都没有分配给轨道交通车站附近的地方，CEPACs 因此也没有捕获到轨道交通投资带来的土地价值增值。

究其深层次的原因，主要有以下三点。

首先，在圣保罗，通过 CEPACs 可以购买的最大容积率是 4.0，远远低于其他大都市能够接受的最大容积率（如东京 1～20、香港 1～12、首尔 8～10）。这一规定进一步造成了城市扩张，不利于轨道交通沿线高密度的房地产开发。

其次，政治因素使得轨道交通投资和土地价值捕获之间缺少有效融合。由于州政府所有的轨道公司和市政府所有的地面交通公司之间竞争激烈，而不是彼此合作。因此，两级政府在政府间资金分配问题上存在制度性障碍（Smolka，2013）。

最后，交通机构和城市规划部门（负责分配 CEPACs）之间的协调障碍。由于交通机构和城市规划局缺乏有效沟通，交通机构为以轨道为核心的工程方案，往往忽略了利用车站的空间权来创造收益的机会。

第三节 土地定向储备模式：中国武汉

一、武汉市轨道交通发展概述

武汉市有九省通衢之称，是全国首个综合交通枢纽研究试点城市。作为省会城市，武汉是湖北省经济最发达的地区。2015 年，武汉市地区生产总值为（GDP）10 905.60 亿元，居中国内地城市第八位。[①] 此外，武汉还是中国重要的科教中心。截至 2015 年，武汉拥有高校 82 所，仅次于北京。2016 年10 月，中共中央发布的《长江经济带发展规划纲要》中将武汉列为超大城市。

便利的交通、强劲的经济、丰富的教育资源以及政策支持刺激了武汉市

---

① 资料来源：《2017 年武汉市国民经济和社会发展统计公报》。

快速城镇化进程。常住人口城镇化率达到了79.77%。然而，随着人口的快速增长，机动车的拥有量也不断攀升。根据武汉市税务部门发布的年度数据，到2017年初，武汉汽车保有量将接近270万辆。交通拥堵成为武汉城镇化进程的主要负面影响之一。因此，为了解决日益严峻的拥堵问题，武汉市政府设计了全方位的公共交通体系，充分融合了公交服务和地铁网络，促进武汉三镇的交通发展。目前，已经通车的5条地铁线路，日客流量达到100万~120万人次，在城市中的功能和作用日益凸显，起到了良好的示范作用。

事实上，武汉市地铁规划早在1996年已初步形成，但由于资金限制，以及过江隧道技术不到位，该计划一直被搁浅，直到2004年武汉轨道交通一号线一期（全长10.6千米）才正式开通运营，但由于运营路线短，客流效益较差。2009年，国家发展和改革委员会通过了《武汉市城市快速轨道交通建设规划（2009—2020）》，至此，武汉市地铁建设进入了大规模集中发展模式。2012年底，武汉市轨道交通二号线正式通车，是我国首条穿越长江的地铁。截至2016年12月31日，武汉已开通营运轨道交通一号线（包括一、二、三期）、二号线、三号线、四号线和六号线。根据国家批复的武汉市城市快速轨道交通建设规划，至2021年，武汉将建成长达391.4千米的轨道交通线路。武汉轨道交通正在经历"从无到有、从单条线到网络化"的历史转变。

如此规模庞大的轨道交通网络规划给地方财政带来了巨大的负担。武汉市轨道交通投资占市政基础设施固定资产投资建设比重从2004年的6.26%上升到2014年的24.73%（见表8-3）。从武汉市基础设施固定资产建设资金来源可以看出，随着财政体制逐渐由"建设财政"转向"公共财政"。从2010年开始，政府预算内财政已经基本不再承担基础设施建设资金供给的职责。通过抵押土地等方式获得的银行贷款成为武汉市基础设施建设的主要资金来源（见表8-4）。然而，由于土地财政收入不稳定，随着地方政府性债务即将进入偿债高峰期，武汉市政府面临巨大的偿债压力，地方偿债风险迅速积累。另外，武汉市轨道交通建设进入集中建设期，武汉市政府规划2014~2020年新增地铁总规模为173.5千米，总投资额为1 148.9亿元。为了为轨道交通建设提供可持续的资金保障，必须通过土地价值捕获来最大化房地产开发或土地出让收益。

表 8 - 3　　武汉市 2004 ~ 2014 年轨道交通投资与市政基础设施固定资产投资建设

年份	本年内完成投资（万元）	轨道交通投资（万元）	轨道交通投资占比（%）
2004	863 100	54 016	6. 26
2005	931 000	70 000	7. 52
2006	1 298 922	72 416	5. 58
2007	1 930 193	85 298	4. 42
2008	2 459 180	51 507	2. 09
2009	3 345 232	520 450	15. 56
2010	4 859 000	1 012 900	20. 85
2011	5 880 867	1 306 200	22. 21
2012	6 645 218	1 404 012	21. 13
2013	7 352 613	1 617 578	22. 00
2014	8 221 026	2 032 737	24. 73

资料来源：《中国城市建设统计年鉴》（2015 年）。

表 8 - 4　　　　　　　　武汉市基础设施固定资产建设资金来源

年份	中央财政拨款（万元）	地方财政拨款（万元）	国内贷款（万元）	债务（万元）	自筹资金（万元）	其他资金（万元）	合计（万元）	国内贷款占比（%）	预算内资金占比（%）
2004	0	165 600	301 182	0	180 000	72 639	747 428	40. 30	22. 16
2005	0	102 000	410 000	0	311 000	0	835 400	49. 08	12. 21
2006	0	203 048	1 053 447	0	44 962	0	1 301 457	80. 94	15. 60
2007	0	250 000	917 747	60 000	433 843	0	1 700 555	53. 97	14. 70
2008	0	262 181	1 209 495	0	0	7 500	1 479 176	81. 77	17. 72
2009	0	1 177 455	80 801	0	506 770	613 620	2 378 646	3. 40	49. 50
2010	0	0	1 182 453	0	0	1 276 229	2 458 682	48. 09	0. 00
2011	0	0	4 592 056	0	1 452 706	0	6 044 762	75. 97	0. 00
2012	0	8 018	6 506 764	1 991	590 126	50 200	7 157 099	90. 91	0. 11
2013	0	2 980	3 821 477	0	0	7 550	3 832 007	99. 73	0. 08
2014	0	0	809 998	0	0	3 500 681	4 310 679	18. 79	0. 00

资料来源：《中国城市建设统计年鉴》（2015 年）。

目前武汉市轨道交通建设采用以政府为主导的负债型投融资模式，该模式下政府不但要投入大量的资本金，还要承担债务利息以及运营亏损，资金压力巨大。根据国务院规定要求，结合武汉市轨道建设项目实际情况，武汉市轨道交通建设项目资本金比例安排如下：轨道交通一号线西延、二号线延伸、四号线二期资本金比例为 42%；轨道交通三号线、六号线、七号线、八号线资本金比例为 35%；2014～2020 年新增线路资本金比例为 40%；共计需投入资本金 711.6 亿元，资本金比例平均为 38.4%，资本金的主要来源是政府预算资金以及土地出让金收入。其中，土地出让收入占资本金的比例平均为 21.98%，其余 61.6% 的建设资金（共计 1 142.7 亿元）主要通过申请银行贷款解决（《武汉市城市轨道交通第三期建设规划（2014－2020 年)》）。

二、土地定向储备模式

武汉市计划建设 391.4 千米的轨道交通线路，需要大量的资本投入。为了解决轨道交通融资问题，武汉市在部分站点的建设上创新性地采取了土地定向储备模式，将特定地块的土地储备收益定向用于轨道交通项目建设资金。不同于传统的土地储备模式，土地定向储备将重大基础设施投资带来的土地增值收益和其建设成本直接结合起来，用于平衡重大项目建设资金（孙峻等，2017）。2007 年发布的《市人民政府关于我市重大基础设施建设项目利用土地储备筹融资工作的意见》特别提出土地定向储备模式的基本思路，即"政府主导、市场运作、规范操作、总体平衡"。

武汉市地铁集团通过五个步骤，充分运用土地定向储备模式捕获轨道交通沿线土地价值增值，以补贴部分轨道交通投资。

第一，确定拟储备地块。根据《中共武汉市委、武汉市人民政府关于加快轨道交通建设发展的若干意见》，武汉提出了通过土地储备和开发筹措轨道交通建设资金的思路，并明确提出对轨道交通沿线特别是轨道交通站点及站点周边 500 米范围内的土地，能够储备的都要进行储备。具体实施上，武汉市国土资源局为武汉地铁集团征集土地，有偿行使土地征用权，武汉地铁集团支付所有的征用成本。

第二，武汉市土地储备中心授权武汉地铁集团进行土地储备，按一级开发模式运作。市规划、国土和房产等部门直接对武汉地铁集团办理相关审批手续。

第三，武汉地铁集团以储备中心"分支机构"的名义实施土地储备。

第四，武汉地铁集团整理储备后，交由土地交易中心统一挂牌出让，土地出让收入全额上缴市财政。

第五，武汉市财政从土地出让收入中扣除土地开发成本和按政策计提相关专项资金后，将土地出让净收入拨付给武汉地铁集团，用于轨道交通建设，实现项目总体资金平衡。

三、土地定向储备模式的优势分析

武汉市政府采取土地定向储备模式的优势主要反映在以下四个方面（刘彩霞，2010）。

（1）有利于调动项目实施主体参与土地储备工作的积极性。在土地定向储备模式下，重大基础设施项目的实施主体将直接获得储备土地供应后的土地收益，定向用于特定项目的资金平衡。

（2）减少了市土地储备中心的融资压力。实施城市土地储备需要面对巨大的土地储备成本，武汉市土地储备资金来源以向金融机构贷款为主。然而，市土地储备中心许多已经启动的项目往往由于储备工作没有完成，不能办理土地使用证，进而影响了土地储备融资。采用土地定向储备模式，扩大了土地融资规模，为土地储备融资搭建了新的平台。

（3）土地定向储备模式提高了土地储备的效率。项目实施主体与土地储备挂钩，明确了拆迁主体和责任，提高了征地拆迁的工作效率。

（4）土地定向储备模式有助于吸引社会资本。对于直接经济效益较差的准经营性城市重大基础设施项目（如轨道交通项目），由于社会投资者难以收回成本，PPP、特许权（build-operate-transfer，BOT）、建设移交（build-transfer，BT）等模式往往以失败告终。如果利用土地定向储备模式，将项目带来的土地增值效益内部化，补贴项目亏损，使社会资本能够预估到理想的报酬水平，这样才能促进公私合作模式的顺利进行。

四、武汉市土地定向储备模式开发案例

2010 年武汉市土地拍卖中，由武汉地铁集团储备的 P（2010）No. 150

地块拍出 39.6 亿元高价，刷新了武汉市土地交易纪录。No.150 地块位于积玉桥，紧邻轨道交通二号线，占地面积为 12.57 公顷，每公顷拍卖价格为 3.15 亿元。该地块形状规则且地面平坦，地面上方的建筑高度相对较低，为拆迁工作和平整工作减小了难度。2006 年武汉市土地储备中心将 No.150 地块划拨给武汉地铁集团，作为储备用地。与此同时，轨道交通二号线进入计划阶段。经过三年的土地储备，2010 年 No.150 地块在武汉市土地交易中心进行拍卖。扣除相关税费后，拍卖所得全数返还给武汉地铁集团，用于支付轨道交通二号线的建设以及实施储备成本。整个流程完全符合土地定向储备模式。

轨道交通二号线的规划和建设，极大地提高了积玉桥地块的地价，积玉桥地块的平均楼面价格从 2004 年的 1 497.6 元/平方米上涨至 2012 年的 10 696.4 元/平方米。图 8 – 5 表示的是 2004 ~ 2012 年部分年份武汉地铁集团储备的 No.150 地块及周围土地平均价格的变化趋势，直接反映了轨道交通二号线对地价的影响，这些地块正是在土地定向储备模式下进行土地价值捕获的对象。No.150 地块除了部分用来建设隧道，剩下的全部作为储备地块，用来平衡轨道交通二号线的建设资金。No.150 地块的储备成本为 10.25 亿元，期望的拍卖价格为 36.9 亿元，最终以 39.6 亿元成交。扣除 10.25 亿元储备成本和其他费用，该地块共为轨道交通二号线筹资 23.2 亿元，占轨道交通二号线一期工程建设投资（152.3 亿元）的 15%，是轨道交通二号线沿线所有储备地块中贡献最大的储备用地（Jun et al.，2017）。

表 8 – 5　　　2004 ~ 2012 年部分年份武汉地铁集团储备的 No.150 地块及周围土地平均价格

单位：元/平方米

年份	楼面价格
2004	1 497.6
2006	2 861.9
2008	6 550.5
2010	8 934.8
2012	10 696.4

资料来源：中国数据库（http://www.chinastatistics.com）。

除了 P（2010）No. 150 地块，武汉还有多处定向储备用地，如南国洪广 SOHO、武汉 1818 中心等。近些年，武汉市各级政府和武汉地铁集团进一步加强合作，为土地定向储备模式提供了有力的支持。

第四节 进一步研究：中国的土地使用权出让制度与土地价值捕获

我国地方政府通过公开出让土地发展权获得从事基础设施建设的主要资金，在此基础上，部分前瞻性的城市（如武汉）开始探索更加灵活和有效的方式依托土地价值增值为城市基础设施建设融资。本节的任务是研究我国为什么通过出让土地使用权进行土地价值捕获（而不是直接出让土地所有权），并进一步探索当前我国公共土地租赁制度的改进方向。

在土地使用权出让制度下，地方政府以土地所有者的身份将土地使用权在一定年限内让与土地使用者，并由土地使用者向国家支付土地使用权出让金。土地出让金属于预算外收入，通常用于提供基础设施公共服务。特别值得一提的是，在我国土地使用权出让制度下，出让地块和提供基础设施的地块之间通常没有直接的联系。关于土地使用权的年限，根据土地类型不同，商业用地、工业用地和居住用地的最高使用年限分别为 40 年、50 年和 70 年。当出让合同到期后，土地以及所有的地上建筑物都应该归政府所有。

土地使用权出让制度的实质是地方政府（所有者）和开发商（使用人）之间签订的一个固定期限为 T 年的长期租赁合同。在这一制度下，开发商得到的房地产收益低于在拥有房地产所有权下的收益。理论上，出让合同结束时，开发商不具有再开发的权利，所有的地上建筑物都归政府所有，开发商得到的剩余价值为零。从经济学的角度看，土地使用权出让制度通过改变土地发展的资金强度而变得无效率。在一般的土地发展经济模型下，私人土地所有者通过选择最优资本投入规模，使得房地产价值最大化。然而，在土地使用权出让制度下，面对租赁期限 T，开发商作为土地使用者，其选择资本投入规模将低于在无限期模型下最优的资本投入规模，从而导致土地发展不充分。也就是说，如果开发商购买土地并拥有它，那么他将充分投资这片土地，并获得无限期租金收入流。而在公共土地租赁制度下，开发商仅获得有限期租金收入流，租约到期后任何地上建筑物将不属于开发商。因此，开发商对租赁土地的资本投入规模不足。那么为什么即使无效率，土地使用权出让形式仍然存在？为什么不选择更有效率的方式，即出让土地所有权？

我国采用土地使用权出让制度的主要原因为以下四点（Dale-Johnson，2001）。

第一，社会主义土地公有制的背景，是我国采用土地使用权出让制度的重要原因。该制度决定了我国的土地不能买卖，但土地使用权可以依法转让，将土地使用权和所有权分离，以实现土地的商品属性。

第二，土地使用权出让制度减轻了政府和开发商的资金压力。一方面，在快速城市化背景下，地方政府需要大量资金进行基础设施建设。然而，我国当前金融体系尚不健全，融资渠道较少。在土地使用权出让制度下，通过计算土地的贴现价值，开发商前期一次性付清土地出让金，为政府进行基础设施建设提供了主要资金来源。另一方面，通过这种方式，开发商不需要支付土地征收成本，从而可以促进城市土地开发。

第三，理论上，政府可以通过土地使用权出让制度保有土地所有权，进而保有对未来土地利用的选择权。一方面，在出让合同中，关于地上建筑物的类型已经做了详细说明。在这种情况下，政府其实潜在控制着土地利用。另一方面，出于财政的考虑，由于土地价值不断增值，当出让合同到期后，政府可以以更高的价格出让土地。在这种情况下，开发商无法享受公共基础设施带来的土地价值增值。然而，在实践中，当合同到期时，政府回收土地使用权，将面对巨大的政治挑战。

第四，土地出让制度给双方都带来了最大的灵活性。从选择价值的角度看，在出让合同到期后，它为租赁双方提供了最大化机会。土地使用权出让制度为开发商（使用者）提供了卖出选择权，为政府（所有者）提供了购买选择权。从政府角度看，它还可以有效率地规避市场风险。

除了我国，世界上还有许多国家和地区都采用公共土地租赁制度进行土地价值捕获。洪（Hong，2003）提出，在公共土地租赁制度下，政府可以通过以下四种方式进行土地价值捕获：（1）最初的公共拍卖所得（土地出让价格）；（2）年租金收入；（3）调整和修改租赁合同；（4）租赁合同到期后，更新租赁合同时增加新的条款。洪（Hong，1996）回顾了香港特别行政区通过土地租赁进行土地价值捕获的历史，发现从 1970 ~ 1991 年，香港特别行政区政府实现了 39% 的土地价值增值回收。这一比例被相对高估，因为这项研究不包括超过 50% 的通过税收和其他工具回收的价值增值。同时，他建议采用以下两个标准用来衡量在公共租赁制度下，土地价值捕获是否成功：一是土地价值捕获的比例；二是土地价值捕获的资金用于建设公共基础设施的比例。

西方大多数国家采用多轮制的公共土地租赁制度，即合同到期前，政府可以和开发商进行中间谈判。瑞典地方政府将土地使用权无限期地租赁给私人开发商，租赁合同中规定地租须每年交付。马特森（Mattsson，2003）在研究瑞典的土地租赁制度时指出，采取这种方式的主要目的是政府可以保有土地价值，其关键点并不在于马上取得一笔财政收入，而是通过年租获得土地增值收益。戴尔·约翰逊（Dale-Johnson，2001）刻画了北美的公共土地租赁制度，特别描述了租赁流程。政府作为土地所有者将土地租赁给开发商（土地使用者），租期通常至少为 50 年。50 年的租赁合同一般又分为 10 ~ 20 年的租赁子合同，分 2 ~ 3 个周期更新合同。基础的地租收益每 10 年调整一次，或者租赁合同规定在某个特定时期调整租金。此外，土地所有者通常规定要在特定的土地上发展特定的项目。有些合同中写到"参与"，意味着随着土地的开发，土地所有者可以享受一部分房地产开发收益。在租赁条款下租金收入与利用土地所得的发展收益息息相关，这种联系确保了地租收益和土地发展相匹配。

不同于西方国家，我国采用一轮制公共土地租赁制度。在这种制度下，一旦出让合同形成，直到合同到期，中间没有任何谈判余地，政府被合同条款限制。在土地价值飞速增长的情况下，地方政府将失去获得土地溢价的机会。目前，我国土地使用权出让最高年限根据土地类型的不同分别为 40 年、50 年和 70 年，在政治经济目标下这些租赁期限是否经济上理性且有效率的尚不清楚，缺乏相关的研究。综上所述，我国当前的土地使用权出让制度，从租赁方式和租赁周期上讲并不是经济上最优的，地方政府并没有充分地回收土地的价值增值。接下来，本节将引用哈曼特（Hartman，1976）模型解释最优租赁期限的问题。

现在假设房地产不仅为当地政府创造租金收益，还带来了租赁到期后的剩余价值。

假设剩余价值为 $G(T)$ 。房地产的贴现值可以表示为：

$$V(T) = \int_0^T f e^{-rt} dt + e^{-rT} G(T)$$

对时间 T 求一阶导数，则：

$$V'(T) = e^{-rT} [f(T) + G'(T) - rG(T)] = 0$$

整理上式可得到一阶均衡条件：

$$\frac{G'(T)}{G(T)} = r - \frac{f(T)}{G(T)}$$

这个条件表明，租赁的最优期限 T 是当延长一个租赁周期的边际收益（房地产剩余价值的增长率）和边际成本（资金的机会成本减去租金收入除以剩余价值）相等的时候。

二阶条件为：

$$V''(T) = - r e^{-rT} [f(T) + G'(T) - rG(T)]$$
$$+ e^{-rT} [f'(T) + G''(T) - rG'(T)] < 0$$

上式可以简化为：

$$f'(T) + G''(T) < rG'(T)$$

现在考虑一个连续的租赁合同，租期为 T，目标函数的模型可以表示为：

$$W(T) = \frac{V(T)}{[1 - e^{-rT}]}$$

对上式求一阶导数，则：

$$W'(T) = \left[\frac{1}{1 - e^{-rT}} \right] [- r e^{-rT} G(T) + e^{-rT} G'(T) + e^{-rT} f(T)]$$

$$- [e^{-rT} G(T) + F(T)] \left[\frac{r e^{-rT}}{[1 - e^{-rT}]^2} \right] = 0$$

其中，

$$F(T) = \int_0^T f(u) e^{-ru} du$$

一阶条件可以简化为：

$$\frac{G'(T)}{G(T)} = \left[1 + \frac{F(T)}{G(T)}\right]\delta^{-1} - \frac{f(T)}{G(T)}$$

其中，δ 是弗斯特曼利率。它是指 T 年后，一个单位资金收入的现值。

$$\delta = \int_0^T e^{-ru}du = \frac{[1 - e^{-rT}]}{r}$$

这个一阶条件表明，最优租赁期限 T 应该是当延长一个租赁周期的边际收益（房地产剩余价值的增长率）和边际成本（T 年后总价值除以剩余价值的现值减去租金收入除以剩余价值）相等的时候。通过比较一轮制租赁和多轮制租赁可以看出，多轮制度下，最优租赁周期更短，土地所有者通过签订多轮短期租赁合同，可以获得更多的土地增值收益。

第五节　本章小结

相对于以税收或费用为基础的土地价值捕获工具，以开发为基础的土地价值捕获工具由于能够在创造价值和捕获价值之间建立更清晰的纽带，更容易获得利益相关者的支持。此外，开发型土地价值捕获工具为物业税体系不完善的国家或地区进行资本集约型的公共基础设施建设提供了机会。

港铁公司"地铁＋物业"模式的开发在国际上获得认可，被公认是公共交通筹资和 21 世纪城市开发的创新模型，其成功的关键在于：清晰的视野；与香港特别行政区政府紧密合作；强大的房地产市场；多元化发展。内地一些城市从 20 世纪 90 年代开始，开始借鉴港铁的成功经验，探索轨道交通与土地综合开发模式。但由于法律、政策以及地铁沿线土地的获取方式不同，"地铁＋物业"模式在国内遇到了一些难题。

武汉创新性地学习香港的"地铁＋物业"模式，将特定地块的土地储备与轨道交通项目建设挂钩，通过将轨道交通建设和其带来的土地价值增值直接联系在一起，拓展了轨道交通融资渠道，这种融资模式被定义为土地定向储备模式。和中国传统的开发权出售模式相比，武汉模式更有利于调动实施主体的积极性、拓展土地融资渠道、提高土地储备效率、吸引社会资本，从而实现开发权出售收益最大化。由于武汉的方案还未充分实施，现在很难断定它是否会带来预期的经济和城市发展结果，但是如果取得了成功，武汉的方案就可以给中国其他城市提供一个参考。

巴西圣保罗和中国进行轨道交通建设的许多大城市有着相似的城市发展背景，即都面临着人口的迅速增长和城市的扩张。空间权出售是指政府在土地利用法规的范围之外出售开发权，或者出售因法规变化而产生的开发权，从而补贴公共基础设施和服务。其基本思路是通过改变区划，提高容积率，从而促进土地的高效利用，防止城市范围大幅蔓延。在空间权出售方面，巴西是先驱，本章介绍了巴西圣保罗空间权出售的应用实例，为我国提供了有益的经验。

本章的最后一节深入探讨了我国使用土地使用权出让制度的原因，并进一步比较了一轮制和多轮制的公共土地租赁制度。通过比较发现，我国当前的土地使用权出让制度，从租赁方式和租赁周期上讲并不是经济上最优的，地方政府并没有充分地回收土地价值增值，因此，从经济学的角度研究最优租期问题并借鉴西方多轮制土地租赁制度是进一步研究的方向。

| 第九章 |

结　语

第一节　研究结论

在我国城市轨道交通建设大发展时期，本书立足于我国城市基础设施建设融资困难以及城市轨道交通给周边房地产带来巨大增值效应的经济特征，在国内外相关研究综述的基础上寻找研究突破口，强调基于深入实证分析的城市轨道交通溢价效应衡量和实施土地价值捕获的策略制定，从税费征收和管理开发的角度，提出了若干回收城市轨道交通溢价效益的建议和方案，希望丰富我国城市基础设施投融资理论，为缓解我国地方政府基础设施建设的资金压力提供支撑。基于此，本书研究主要结论如下。

1. 结论一

我国采用基于土地价值捕获的城市轨道交通融资模式具有现实性与必要性。城市公共交通系统中，轨道交通作为一种大容量、快速、高效的运输方式，是将来很长一段时期内解决我国大城市交通问题的唯一可行办法。然而，我国发展轨道交通面临着资金短缺的问题。一方面，从轨道交通的技术经济特征来看，它具有技术含量高、投资大、建设周期长的特点；另一方面，从经济属性上来看，轨道交通属于典型的城市准公共产品，主要用于提高人民生活水平，具有公益性强和收益低的特点。基于以上原因，难以吸引私人部门进入轨道交通领域，政府主导的轨道交通供给模式长期内仍然占据主导地位。然而，有些地方政府对城市基础设施建设的资金投入过分地依赖"土地财政"，这种融资模式面临着不可持续的挑战，地方政府必须重新审视其收入结构。基于土地价值捕获的城市轨道交通融资模式为地方政府提供了新的思路，它主张充分发挥政府的调控作用，将轨道交通开发带来的土地价值增值，通过税、费或其他财政手段转化为公共财政收入，反哺于轨道交通建设和运营。若轨道交通的外溢价值可观，政府又能采取合理有效的土地价值捕获方式，将对解决轨道交通资金问题起到关键作用。

2. 结论二

在进行城市轨道交通对沿线房地产增值效益的计量研究中，本书通过建立特征价格模型，分别研究了轨道交通对周边二手房市场、新建商品房市场和土地出让市场的影响，并运用多层线性模型，矫正回归分析中空间自相关现象带来的误差，以更加科学准确地评估轨道交通对周边房地产的影响范围和影响强度。基于此，本书的实证研究结论如下。

（1）武汉市轨道交通开发对周边二手房交易价格、新建商品房开盘价格以及土地出让价格具有显著的溢价效应。其中，溢价范围均为轨道交通站点周边 600 米，但溢价强度存在明显的差别，轨道交通对二手房市场、新建商品房市场和土地市场的溢价强度分别为 6.29%、10.06% 和 26.63%。

（2）基于轨道交通沿线房地产增值效益的计量结果，本书进行了跨市场研究和受益者分析。在跨市场研究方面，我们发现武汉市轨道交通对住宅销售市场（包括新建商品房和二手房）和土地出让市场的溢价范围相同，表明轨道交通开发对不同市场的影响具有较强的关联性，同时也说明居民和房地产开发商对轨道交通偏好的信息得到了有效的传递。轨道交通对以上三个市场的溢价强度由高到低分别是土地出让市场、新建商品房市场和二手房交易市场。对此本书的解释是轨道交通开发所带来的溢价在土地出让环节、新房销售环节和二手房销售环节被相关的受益主体层层捕获，因此地方政府、房地产开发商和二手房所有者所享有的溢价部分层层递减。此外，其也和这三个市场的垄断程度以及信息不对称程度相关。在受益者分析方面，我们发现虽然轨道交通能显著地资本化到二手房交易价格中，但由于中国当前地方政府没有针对存量土地的租金收入或通常意义上的房产税，因此，无法捕获轨道交通投资所带来的这部分土地价值增值，二手房所有者实际上无偿占有了这部分溢价。轨道交通开发同样能够在新房销售环节显著地资本化到房价中去，地方政府对这部分土地增值进行价值捕获的工具主要是通过出让国有土地使用权，收取土地出让金。为了解地方政府在多大程度上能"捕获"这部分增值收益，本书选取 51 组土地出让与新建商品房的对照样本，以估算城市轨道交通对新建商品房产生的溢价中，有多少被地方政府通过"土地出让"的方式所捕获，还剩多少被房地产开发商无偿占有。通过试算，我们发现，新建商品房的平均溢价为每平方米 1 170 元，土地出让的平均溢价为每平方米 717 元，后者约占前者的 61.28%，说明房地产开发商将轨道交通开发带来的土地价值增值中的 61.28% 以土地出让金的形式传递给地方政府，剩下的增值收益则被开发商无偿占有。该结论为之后土地价值捕获研究提供了经验证据。

（3）为了更加深入地了解轨道交通对房地产市场影响的特点，本书分别对二手房市场和新建商品房市场展开了进一步研究。一方面，采用分位数回归法研究了轨道交通对高中低端二手房市场影响的差异性。实证发现轨道交通对中低端二手房市场的影响程度显著高于高端市场，从影响范围上看，轨道交通对中低端二手房市场的有效影响范围为：600 米以内，随着房价的上升，轨道交通的影响范围也逐渐缩小。另一方面，我们从时间维度考察了轨道交通对新房开盘价格影响的时效性，发现轨道交通线路在距离通车前两年，就开始对周边新建商品房价格产生积极影响，这种影响随着通车时间的接近逐渐增强，在轨道交通线路通车当年对周边的新建商品房的价格影响程度最大也最为明显。

3. 结论三

轨道交通开发溢价进行土地价值捕获的案例研究，我们得出了以下结论。

税费型土地价值捕获工具的主要优势是税或费所产生的收益具有可持续

性，而且这种税费不会耗费有限的土地资源。本书的第七章在对美国四种税费型土地价值捕获工具（房地产税、特别征税区、影响费以及税收增额融资）进行分析的基础上，结合我国的实际情况，建议采用税收增额融资（TIF）的方式。税收增额融资模式是事先划定某个地理区域，但不引入新的税种，而是由专门的管理机构在现有土地增值税收中划拨。该方法容易获得利益相关者的支持。一方面，相比房产税它更加清晰地界定了收入的使用范围，与所提供的基础设施服务挂钩；另一方面，相比影响费和特别征税区，由于税收增额融资不引入新的税种，更容易获得公众的支持。税收增额融资将轨道交通影响范围内房产税的增加额收归到某个专门部门，作为轨道交通建设和运营的经费来源，从而避免了这部分税收被原始课税单位瓜分，提高了轨道交通建设部门的积极性。基于第四章的计量结果，借鉴上海市房产税的征收办法来估算 2014～2020 年武汉市轨道交通建设运营情况，发现武汉市每年轨道交通亏损 5.4 亿元左右。如果采用税收增额融资的方式回收房产税增加额，交给税收增额融资负责部门，反哺于轨道交通建设和运营，武汉市轨道交通部门将能够基本保持盈亏平衡。

相对于税费型土地价值捕获工具，以开发为基础的土地价值捕获工具由于能够在创造价值和捕获价值之间建立更清晰的纽带，更容易获得利益相关者的支持。在这一部分，本书的第八章首先对中国香港"地铁＋物业"开发模式进行分析，认为其成功的关键在于：（1）清晰的视野；（2）与政府紧密的合作；（3）拥有强大的房地产市场；（4）多元化的发展战略。其次，本章介绍了巴西圣保罗空间权出售的应用实例。空间权出售是指政府在土地利用法规的范围之外出售开发权，或者出售因法规变化而产生的开发权，从而补贴公共基础设施和服务。其基本思路是通过改变区划，提高容积率，从而促进土地的高效利用，防止城市范围大幅蔓延。这两个案例都为我国提供了有益的借鉴。最后，本章重点介绍了武汉土地定向储备模式。与中国传统的开发权出售模式相比，武汉模式更有利于调动实施主体的积极性、拓展土地融资渠道、提高土地储备效率、吸引社会资本，从而实现开发权出售收益最大化。然而，从土地价值捕获的角度来看，武汉模式并没有解决传统的开发权出售模式的根本问题，地方政府只是出售土地使用权，获取一次性土地转让收益，不像香港轨道交通那样，开发轨道交通沿线的物业，保留大部分的优质物业，依靠物业出租来获得持续性的土地增值收益，以维持后期的运营和维护。为此，本书进一步从经济学的角度探讨了一轮制和多轮制的公共土地出让制度，认为我国当前的土地使用权出让制度，从租赁方式和租赁周期上讲并不是经济上最优的，地方政府并没有充分地回收土地的价值增值，建议借鉴西方多轮制公共土地出让制度，以更加充分地回收土地增值收益。

第二节　创新点

本书的研究工作面向实践，主要从财政学的角度探讨轨道交通与房地产价值的关系，并在此基础上提出了基于土地价值捕获的城市轨道交通融资方案，希望能够为轨道交通的发展提供更多有益的理论指导，本书从以下几个方面做出了一定的创新。

（1）在轨道交通投融资改革的研究上，目前国内外学者主要针对轨道交通的准经营性，从市场角度出发进行轨道交通投融资多元化的研究。本书针对轨道交通准公共性和外部性，从政府角度出发，通过分析轨道交通与土地价值的关系，研究基于土地价值捕获的轨道交通投融资模式。

（2）本书对城市轨道交通溢价效应进行了跨市场分析，并从最终受益人的角度，探讨轨道交通开发利益的分配状况，不仅研究了轨道交通对房地产市场的影响范围和影响大小等多数研究主要关注的内容，还在此基础上比较了轨道交通对二手房交易市场、新建商品房市场和土地出让市场影响的关联性及差异性，从而进一步了解二手房所有者、房地产开发商和地方政府所享有的轨道交通溢价份额，为政府进行土地价值捕获提供实证支持。

（3）本书基于实证研究对轨道交通溢价范围和溢价程度进行了估算，为了保证计量结果的有效性和准确性，本书以武汉市房地产交易微观数据为基础，建立了细致的房地产特征价格模型，纳入所有可能对房地产价格产生影响的特征变量，并采用多层特征价格回归方法，改善单层回归的估计和分析结果，避免空间自相关和时间自相关问题。

（4）本书从宏观财税视角审视轨道交通开发利益，提出了轨道交通"溢价衡量与土地价值捕获"的双重分析框架。在计量研究的基础上，本书进一步采用案例研究，详细地介绍和梳理了国内外与轨道交通开发相关的土地价值捕获经验，这在以往的研究中很少或尚未涉及。

第三节　本书研究的不足之处及展望

在城市轨道交通网络化发展的背景下，本书从财税视角对我国城市轨道交通溢价效应以及土地价值捕获展开了理论研究、实证研究和制度研究，试图拓展现有关于"城市轨道交通溢价效应"的研究，并尝试从最终受益人的角度分析轨道交通开发利益分配状况，进一步为地方政府有针对性地进行土地价值捕获以及缓解轨道交通建设运营的资金困难提供经验依据，从而丰富现有的研究文献。但由于本人研究能力和研究时间有限，本书尚存在以下不足。

（1）限于数据可得性，本书在研究轨道交通对二手房市场的影响时，采用的是存量住宅小区的网络挂牌价格作为住房价格特征变量。由于二手房的挂牌价格和真实成交价格存在一定误差，可能对研究存在一定影响。

（2）本书从税费征收和管理开发的角度提出了城市轨道交通溢价效益回收和可持续发展策略。但是，策略的实施需要相关的规划管理机制和配套政策予以保障，由于篇幅及作者能力和精力的限制，本书重点分析了轨道交通的溢价效应和可能的土地价值捕获手段，并未对相关的规划管理机制、土地政策等配套政策进行深入研究。

（3）城市轨道交通建设以及运营面临着巨大的财政压力，研究论证了城市轨道交通对周边房地产市场具有显著的溢价效应，土地价值捕获机制可以有效地支持轨道交通发展。该机制成功实施的关键是确保土地增值收益在各利益相关者之间进行合理分配，明确受益者成本负担的比例，使收益与成本相对应。然而，由于缺少轨道交通建设单位的财务数据，本书仅仅界定了轨道交通溢价效益的分配对象、分配主体和分配方式，并未对分配比例的确定方法进行定量研究。因此，在确定轨道交通对周边房地产溢价效应的研究成果的基础上，根据轨道交通投资建设主体的成本负担情况，寻找最佳的溢价效益的分配构成，进而制定合理的土地价值捕获方案是下一步研究的重点。

（4）在进一步研究中，本书论证了轨道交通影响的分市场效应，但由于篇幅有限，并未深入剖析分市场效应产生的原因、如何准确地界定分市场范围以及在制定财税政策时如何更好地考虑分市场效应。此外，本书还研究了轨道交通对周边房地产价格影响的时效性，并得出了相关结论。但考虑到武汉市轨道交通网络仍处于建设规划期，轨道交通的溢价效应很可能随时间的变化而变化。因此，在轨道交通运营一段时间后，继续考察其影响特点具有重要意义。

参 考 文 献

[1] 产业研究智库. "十三五"中国轨道交通行业发展规模及趋势分析 [R]. 2016.

[2] 陈建先. 公共物品理论与政府经济行为定位 [J]. 行政与法, 2004 (3)：47 – 49.

[3] 陈旭. 城市轨道交通外部性研究 [D]. 武汉：华中科技大学, 2005.

[4] 陈有孝, 林晓言, 刘云辉. 城市轨道交通建设对地价影响的评估模型及实证——以北京市轨道交通为例 [J]. 北京交通大学学报 (社会科学版), 2005 (3)：7 – 13.

[5] 崔国清, 南云僧. 关于公共物品性质城市基础设施融资模式创新的探讨 [J]. 经济学动态, 2009 (3)：39 – 42.

[6] 丁兆君. 地方政府公共基础设施投融资管理体制研究 [J]. 财经问题研究, 2014 (12)：79 – 83.

[7] 杜新波, 孙习稳. 城市土地增值原理与受益分配分析 [J]. 中国房地产, 2003 (8)：38 – 41.

[8] 樊慧霞. 房地产税溢价回收功能对地方政府的激励效应分析 [J]. 经济论坛, 2010 (8)：21 – 23.

[9] 方福前. 福利经济学 [M]. 北京：人民出版社, 1993.

[10] 方然, 刘艳芳. 城市轨道交通对站点周边住宅价格的影响研究——以武汉市轨道交通 2 号线为例 [J]. 国土与自然资源研究, 2014 (5)：1 – 5.

［11］高晓晖，刘芳．轨道交通对住宅价格的影响——以上海市为例［J］．城市问题，2011（12）：41－46．

［12］谷一桢，郑思齐．轨道交通对住宅价格和土地开发强度的影响——以北京市13号线为例［J］．地理学报，2010（2）：213－223．

［13］顾杰，贾生华．公共交通改善期望对住房价格及其价格空间结构的影响——基于杭州地铁规划的实证研究［J］．经济地理，2008，28（6）：1020－1024＋1034．

［14］国务院．关于加强城市基础设施建设的意见［Z］．2013．

［15］何剑华，郑思齐．新建地铁能提升住宅价格吗？——以北京地铁13号线为例［J］．城市开发，2004（11）：36－38．

［16］何杨，满燕云，刘威．公有土地可以开征房地产税吗？［J］．国际税收，2015（5）：42－46．

［17］胡喆．地铁、物业结合的应用——以武汉地铁物业开发为例［J］．隧道建设，2013，33（4）：295－299．

［18］湖北省发展改革委．武汉市城市轨道交通第三期建设规划（2015～2021年）［Z］．2015．

［19］黄海英．城市基础设施利用土地储备融资成本控制研究［D］．武汉：华中科技大学，2012．

［20］黄静，石薇．城市公共品在住房价格中的资本化效应测度——以上海市为例［J］．城市问题，2015（11）：69－78．

［21］纪玉哲．公共基础设施投融资改革研究［D］．大连：东北财经大学，2013．

［22］贾生华，温海珍．房地产特征价格模型的理论发展及其应用［J］．外国经济与管理，2004（5）：28－31．

［23］赖慧芳，王玉．基于效率的轨道交通沿线土地储备规划——以广州市为例［J］．规划师，2008，24（12）：118－122．

［24］李华一．政府投资城市基础设施的重新定位［J］．东北财经大学学报，2004（5）：38－41．

［25］李建华．我国城市基础设施投融资研究文献综述［J］．技术经济

与管理研究，2015（9）：114 – 117.

［26］李孟然．深度"捆绑"的价值——香港"轨道交通＋土地综合利用"模式概述与启示［J］．中国土地，2013（10）：8 – 11.

［27］李艳飞，刘俊业，张文亮．基于受益人负担原则的城市轨道交通项目资金来源研究［J］．财政研究，2013（12）：48 – 51.

［28］李艳飞，杨飞雪．城市轨道 PPP 项目投资回收模式设计：溢价回收的视角［J］．综合运输，2015，37（5）：46 – 51.

［29］李艳飞，苑征．试论特别收益税在城市轨道交通融资中的应用［J］．税务研究，2016（6）：109 – 113.

［30］梁若冰，汤韵．地方公共品供给中的 Tiebout 模型：基于中国城市房价的经验研究［J］．世界经济，2008（10）：71 – 83.

［31］林茂德．城市轨道交通与周边物业的一体化开发模式［J］．都市快轨交通，2009（12）：4 – 9.

［32］铃木博明，村上迅，康宇雄，贝丝玉代势．土地价值支持以公共交通为导向的开发［M］．北京：中国建筑工业出版社，2016：3 – 4.

［33］刘蓓佳，刘勇．基于 Hedonic 模型的城市轨道沿线房价特征分析［J］．西南大学学报（自然科学版），2016，38（8）：83 – 89.

［34］刘魏巍．城市轨道交通开发投融资革新模式——溢价回收的理论与实践［M］．北京：中国建筑工业出版社，2013：11.

［35］刘勇．涨价归公的理论依据与政策评析——兼论我国土地增值税政策执行中的问题与对策［J］．当代财经，2003（2）：24 – 27.

［36］陆明．城市轨道交通系统综合效益研究［D］．北京：北京交通大学，2012.

［37］罗东秋．城市准公共产品外部效应、受益居民税赋补偿及地方财政转型路径研究［D］．重庆：重庆大学，2010.

［38］马德隆．以税收形式实现城市轨道交通外部效应内部化［J］．综合运输，2015，37（1）：77 – 79.

［39］马歇尔．经济学原理（上卷）［M］．朱志泰，陈良壁译．北京：商务印书馆，1964：69 – 82.

［40］苗启虎，何小竹，费方域．城市轨道交通的外部性及其盈利模式探讨［J］．城市轨道交通研究，2004（5）：9 – 14.

［41］聂冲，温海珍，樊晓锋．城市轨道交通对房地产增值的时空效应［J］．地理研究，2010，29（5）：801 – 810.

［42］潘海啸，钟宝华．轨道交通建设对房地产价格的影响——以上海市为案例［J］．城市规划学刊，2008（2）：62 – 69.

［43］屈哲．基础设施领域公私合作制问题研究［D］．大连：东北财经大学，2012.

［44］申燕．城市轨道交通基础设施成本补偿问题的思考——香港实施城市轨道交通设施成本分担机制经验的借鉴［J］．价格理论与实践，2015（5）：67 – 69.

［45］石亚东，李传永．我国城市基础设施投融资体制改革的难点分析［J］．中央财经大学学报，2010（7）：62 – 65.

［46］石子印．我国房产税：属性与功能定位［J］．经济问题探索，2013（5）：16 – 20.

［47］苏亦宁，冯长春．城市轨道交通对其沿线住宅价格的影响分析——以北京市地铁四号线和八通线为例［J］．城市发展研究，2011（7）：108 – 113.

［48］孙洁．城市基础设施的公私合作管理模式研究［M］．北京：中国人事出版社，2007.

［49］孙峻，骆彩霞，程祖辰，王牡丹．基于城市轨道交通的土地定向储备模式研究［J］．建筑经济，2017，38（1）：58 – 62.

［50］孙伟增，徐杨菲，郑思齐．轨道交通溢价的跨市场比较分析——以北京市为例［J］．广东社会科学，2015（6）：30 – 37.

［51］汤玉刚，陈强，满利苹．资本化、财政激励与地方公共服务提供——基于我国35个大中城市的实证分析［J］．经济学（季刊），2016，15（1）：217 – 240.

［52］汤玉刚，陈强．分权、土地财政与城市基础设施［J］．经济社会体制比较，2012（6）：98 – 110.

［53］田传浩，李明坤，郦水清．土地财政与地方公共物品供给——基

于城市层面的经验［J］. 公共管理学报，2014，11（4）：38 - 48 + 141.

［54］王福良，冯长春，甘霖. 轨道交通对沿线住宅价格影响的分市场研究——以深圳市龙岗线为例［J］. 地理科学进展，2014（6）：765 - 772.

［55］王灏. 城市轨道交通投融资理论研究与实践［M］. 北京：中国金融出版社，2009：10.

［56］王洪卫，韩正龙. 地铁影响住房价格的空间异质性测度——以上海市地铁11号线为例［J］. 城市问题，2015（10）：36 - 42 + 48.

［57］王琳. 城市轨道交通对住宅价格的影响研究——基于特征价格模型的定量分析［J］. 地域研究与开发，2009，28（2）：57 - 61 + 70.

［58］王全良. 城市基础设施对房地产价格的影响及增值效应［J］. 经济纵横，2015（7）：61 - 64.

［59］王伟，谷伟哲，翟俊，熊西亚. 城市轨道交通对土地资源空间价值影响［J］. 城市发展研究，2014，21（6）：117 - 124.

［60］王希岩. 房地产税改革与地方公共财政建设［N］. 第一财经日报，2013 - 09 - 23（A07）.

［61］王霞，朱道林，张鸣明. 城市轨道交通对房地产价格的影响——以北京市轻轨13号线为例［J］. 城市问题，2004（6）：39 - 42.

［62］王晓腾. 我国基础设施公私合作制研究［D］. 北京：财政部财政科学研究所，2015.

［63］王轶军，郑思齐，龙奋杰. 城市公共服务的价值估计、受益者分析和融资模式探讨［J］. 城市发展研究，2007（4）：46 - 53.

［64］王宇宁，运迎霞，郭力君. 基于时空效应的轨道交通对沿线房产增值研究——以天津市为例［J］. 城市规划，2015，39（2）：71 - 75.

［65］王玉波，唐莹. 中国土地财政地域差异与转型研究［J］. 中国人口·资源与环境，2013，23（10）：151 - 159.

［66］王玉波. “后土地财政时代”地方政府角色转变与公共财政体系重构［J］. 改革，2013（2）：46 - 53.

［67］王媛，杨广亮. 为经济增长而干预：地方政府的土地出让策略分析［J］. 管理世界，2016（5）：18 - 31.

［68］吴才锐，杜小川，过秀成. 城市轨道交通沿线土地增值机制研究［J］. 道路交通与安全，2008（4）：19 – 21.

［69］吴建兵. 城市土地收购储备与非经营性基础设施建设互补机制浅析［J］. 中国房地产，2008（10）：55 – 56.

［70］吴学品，刘殿国. 多层统计模型的应用进展综述［J］. 统计与决策，2011（23）：166 – 169.

［71］武汉市人民政府. 市人民政府关于我市重大基础设施建设项目利用土地储备筹融资工作的意见［Z］. 2007.

［72］谢经荣，吕萍，乔志敏. 房地产经济学［M］. 北京：中国人民大学出版社，2013：18.

［73］谢玲. 中国基础设施投融资体制改革研究［D］. 武汉：武汉大学，2005.

［74］徐杜华，杨定华. 外部性理论的演变与发展［J］. 社会科学，2000（3）：26 – 30.

［75］徐飞，宋波. 公私合作制（PPP）项目的政府动态激励与监督机制［J］. 中国管理科学，2010，18（3）：165 – 173.

［76］徐涛，张明. 地区发展条件对轨道交通线路溢价效应的影响——以武汉市为例［J］. 城市问题，2016（9）：48 – 57.

［77］颜燕，满燕云. 土地财政与城市基础设施投融资［J］. 中国高校社会科学，2015（6）：131 – 139.

［78］杨保民. 城市基础设施建设融为一体管理分析［J］. 现代商贸工业，2013，25（8）：191.

［79］杨菊华. 多层模型在社会科学领域的应用［J］. 中国人口科学，2006（3）：44 – 51 +95.

［80］叶霞飞，蔡蔚. 城市轨道交通开发利益的计算方法［J］. 同济大学学报（自然科学版），2002（4）：431 – 436.

［81］衣方磊. 轨道交通对周边房地产价格影响的预测研究——以××城市轨道交通为例［J］. 2011 International Conference on Management Science and Engineering Advances in Artificial Intelligence，2011（6）.

[82] 张娟锋,贾生华.新加坡、中国香港城市土地价值获取机制分析与经验借鉴[J].现代城市研究,2007(11):80-87.

[83] 张军,高远,傅勇,张弘.中国为什么拥有了良好的基础设施?[J].经济研究,2007(3):4-19.

[84] 张俊.美国土地价值捕获制度及其借鉴[J].广东土地科学,2008(1):43-48.

[85] 张维阳,李慧,段学军.城市轨道交通对住宅价格的影响研究——以北京市地铁一号线为例[J].经济地理,2012,32(2):46-51+65.

[86] 张向强,姚金伟,孟庆国."双轮驱动"模式下土地出让金支出的影响研究[J].中国经济问题,2014(5):78-87.

[87] 张晓莉,张泓.国内外城市轨道交通经营模式比较研究——兼论建立适合我国国情的城市轨道交通经营模式[J].开放导报,2008(6):74-78.

[88] 郑建惠,郑捷奋.城市轨道交通对土地价值的影响及其发展策略[J].中外房地产导报,2003,16:65-67.

[89] 郑捷奋,刘洪玉.深圳地铁建设对站点周边住宅价值的影响[J].铁道学报,2005,27(5):11-18.

[90] 郑明远.广州地铁1号线的沿线物业开发[J].城市轨道交通研究,2003(5):50-53+57.

[91] 郑思齐,胡晓珂,张博,王守清.城市轨道交通的溢价回收:从理论到现实[J].城市发展研究,2014,21(2):35-41.

[92] 郑思齐,孔鹏,郭晓旸.类重复交易房价指数编制方法与应用[J].统计研究,2013(12):41-47.

[93] 郑思齐,孙伟增,吴璟,武赟."以地生财,以财养地"——中国特色城市建设投融资模式研究[J].经济研究,2014,49(8):14-27.

[94] 郑昱,王二平.面板研究中的多层线性模型应用述评[J].管理科学,2011,24(3):111-120.

[95] 执业资格考试命题研究中心.房地产基本制度与政策(第2版)[M].南京:江苏人民出版社,2012:10.

[96] 中共武汉市委.中共武汉市委、武汉市人民政府关于加快轨道交

通建设发展的若干意见 [Z]. 2008.

[97] 中国报告网. 2016 – 2022 年中国城市公交行业发展态势及投资战略咨询报告 [R]. 2016.

[98] 中华人民共和国建设部. 城市交通分类标准 [M]. 北京：中国建筑工业出版社，2007：18 – 19.

[99] 周京奎，吴晓燕. 公共投资对房地产市场的价格溢出效应研究——基于中国 30 省市数据的检验 [J]. 世界经济文汇，2009 (1)：15 – 32.

[100] 朱福兴. 税收增额融资研究评述 [J]. 经济学动态，2009 (12)：130 – 134.

[101] 左翔，殷醒民. 土地一级市场垄断与地方公共品供给 [J]. 经济学 (季刊)，2013，12 (2)：693 – 718.

[102] Albrecht D. How to Finance Public Infrastructure from the Private Investors' Pockets in Urban Development Projects：The Examples of Brazilian CEPAC [R]. Paris：Marketplace on Innovative Financial Solutions for Development，2010.

[103] Al-Mosaind M A，Kenneth J. Dueker，James G. Strathman. Light Rail Transit Stations and Property Values [J]. Transportation Research Record，1993.

[104] Altshuler A，Jose Gomez-Ibanez J. Regulation for Revenue：The Political Economy of Land Use Exactions [J]. Journal of Policy Analysis & Management，1994，4：792 – 797.

[105] American Public Transportation Association (APTA). Challenge of State and Local Funding Constraints on Transit Systems：Effects on Service，Fares，Employment and Ridership Survey Results [R]. Washington，DC：APTA，2009.

[106] Bucalem M. Sustainable Urban Development of São Paulo：Challenges and Opportunities [R]. Sao Paolo：fourth meeting of the World Cities World Class University network，University of Sao Paulo，2012.

[107] Center for Transportation Studies. Value Capture for Transportation Finance [R]. Minnesota：University of Minnesota，2009.

[108] Cervero R，et al. Transit-Oriented Development in the United States：

Experiences, Challenges, and Prospects. TCRP Report 102. Washington, DC: Transportation Research Board, 2004.

[109] Cervero R. Effects of Light and Commuter Rail Transit on Land Prices: Experiences in San Diego County [J]. Journal of Transportation Research, 2004, 43 (1): 121 –138.

[110] Charles Tiebout. A pure theory of local expenditures [J]. Journal of Political Economy. 1956 (5): 416 –424.

[111] Chatman D G, Tulach N K, Kim K. Evaluating the Economic Impacts of Light Rail by Measuring Home Appreciation: A First Look at New Jersey's River Line [J]. Urban Studies, 2011, 49 (3): 467 –487.

[112] Ciro B, Sandroni P, Smolka, M. Large-scale Urban Interventions: The Case of Faria Lima in Sao Paulo [J]. Land Lines, 2006, 18 (2): 8 –13.

[113] City and County of San Francisco. Citywide Development Impact Fee Study [R/OL]. http://www. sfcontroller. org/ftp/uploadedfiles/controller/Final_ Full_Report. pdf, 2008.

[114] City of San Francisco. San Francisco Planning Code Article 4: Development Impact Fees and Project Requirements that Authorize the Payments of In-lieu Fees [EB/OL]. http://www. amlegal. com/nxt/gateway. dll? f = templates&fn = default. htm&vid = amlegal: sanfrancisco_ca.

[115] Council of Development Finance Agencies (CDFA). Tax Increment Finance Best Practices Reference Guide [R]. Cleveland, OH: CDFA, and New York, NY: International Council of Shopping Centers, 2007.

[116] Dale-Johnson D. Long-term ground lease, the redevelopment option and contract incentives [J]. Real Estate Economics, 2001, 29: 451 –484.

[117] Diao M. Selectivity, Spatial Autocorrelation and the Valuation of Transit Accessibility [J]. Urban Studies, 2014, 52 (1): 159 –177.

[118] Dillman K N, Fisher L M. 2009. Land Registration, Economic Development, and Poverty Reduction. In Property Rights and Land Policies, ed. G. K. Ingram and Y. -H. Hong [C]. Cambridge, MA: Lincoln Institute of Land Policy, 2012.

［119］District of Columbia Official Code 2001. National Council for Public Private Partnerships ［R］. New York Avenue Metro Station, Washington DC.

［120］Dubé J, Thériault M, Des Rosiers F. Commuter Rail Accessibility and House Values: The Case of the Montreal South Shore, Canada, 1992 – 2009 ［J］. Transportation Research Part A: Policy and Practice, 2013, 54: 49 – 66.

［121］Du H, Mulley C. Transport Accessibility and Land Values: a Case Study of Tyne and Wear ［J］. RICS Research Paper, 2007.

［122］Duncan M. The Impact of Transit-Oriented Development on Housing Prices in San Diego, Ca ［J］. Urban Studies, 2011, 48（1）: 101 – 127.

［123］Edward G. Goetz, Ko K, Hagar A, Ton H, Matson J. The Hiawatha Line: Impacts on Land Use and Residential Housing Value ［R］. Minneapolis, MN: Center for Transportation Studies, University of Minnesota, 2010.

［124］Francesca M L. Value Capture Finance for Transport Accessibility: A Review ［J］. Journal of transport geography 2012, 25: 154 – 161.

［125］Giordano M. Over-stuffing the Envelope: The Problem with Creative Transfer of Development Rights ［J］. Fordham Law Journal, 1998, 16: 43 – 66.

［126］Giuliano G, Gordon P, Pan Q, Park J Y. Accessibility and Residential Land Values: Some Tests with New Measures. ［J］. Urban Studies, 2010, 47: 31.

［127］Government of the Hong Kong Special Administrative Region, The （HKSAR）. Speech by Commissioner for Transport at Seminar on Environmentally Friendly Transport System ［DB/OL］. http: //www. td. gov. hk/en/publications_ and_press_releases/speeches/20100605/inde, 2010 – 06 – 05.

［128］GovHK. Press Releases: LCQ6: MTR property development, Annex 3 ［DB/OL］. http: //gia. info. gov. hk/general/201204/25/P201204250310 _ 0310 _ 92955. pdf.

［129］GovHK. Press Releases: LCQ6: MTR property development ［J/OL］. http: //www. info. gov. hk/gia/general/201204/25/P201204250310. htm, 2012 – 04 – 25.

［130］GovHK. Review of the Fare Adjustment Mechanism of the MTR Corporation Limited ［J/OL］. http: //www. gov. hk/en/residents/government/publication/consultation/docs/2012/MT The Hong. 2012.

[131] Gut her Ellwanger. The Externality Effects of Transport [J]. Rail International, 1997 (4): 15 – 20.

[132] Hartman R. The Harvesting Decision When a Standing Forest has Value [J]. Economic Inquiry, 1976, 14: 52 – 58.

[133] Hong Kong and Shanghai Banking Corporation (HSBC). Industrials Conglomerates Equity—Hong Kong: MTR (66) [DB/OL]. https: //www. research. hsbc. com/midas/Res/RDV? p = pdf&key = S5y5G1AKbR&n = 330961. PDF, 2012.

[134] Hong Y-H, Brubaker. Integrating the Proposed Property Tax with the Public Leasehold System. In China's Local Public Finance in Transition [M]. Cambridge, MA: Lincoln Institute of Land Policy, 2010: 3 – 18.

[135] Hong Y-H. Can Leasing Public Land be an Alternative Source of Local Public Finance? Working Paper WP96YH2 [R]. Cambridge, MA: Lincoln Institute of Land Policy, 1996.

[136] Hong Y-H. Policy Dilemma of Capturing Land Value Under the Hong Kong Public Lease System [A]. S. C. Bourassa, Y. -H. Hong. Leasing public land: Policy Debates and International Experiences [C]. Cambridge, MA: Lincoln Institute of Land Policy, 2003.

[137] Hong Yu-Hung. The Symmetry of Land Value Creation and Capture [R]. Massachusetts: Land Governance Laboratory, 2013.

[138] Hovee E, Jordan T. Streetcar-Development Linkage: The Portland Streetcar Loop [R]. Vancouver, WA: E. D. Hovee & Company LLC, 2008.

[139] Immergluck D. Large Redevelopment Initiatives, Housing Values and Gentrification: The Case of the Atlanta Beltline [J]. Urban Studies, 2009, 46 (8): 1723 – 1745.

[140] Jeffery J. Smith, Thomas A. Gihring, Financing Transit Systems Through Value Capture [J]. American Journal of Economics and Sociology, 2004.

[141] Johnston R, Madison M. From Landmark to Landscapes: A Review of

Current Practices in the Transfer of Development Rights [J]. Journal of the American Planning Association, 1997, 63 (3): 365 – 378.

[142] Jun Sun, Tian Chen, Zuchen Cheng, Cynthia C. Wang, Xin Ning. A Financing Mode of Urban Rail Transit based on Land Value Capture: A case study in Wuhan City [J]. Transport Policy, 2017, 57: 59 – 67.

[143] Kahn M E. Gentrification Trends in New Transit-Oriented Communities: Evidence from 14 Cities That Expanded and Built Rail Transit Systems [J]. Real Estate Economics, 2007, 35 (2): 155 – 182.

[144] Landis M, McGrath K, Smith L. Transferring Development Rights in New York City [J]. New York Law Journal, 2008.

[145] Lari A, et al. Value Capture for Transportation Finance: Technical Research Report [R]. Minneapolis, MN: University of Minnesota Center for Transportation Studies, 2009.

[146] Lillydahl J H, Nelson A C, Ramis T V. The Need for a Standard State Impact Fee Enabling Act [J]. Journal of the American Planning Association, 1998, 54 (1): 7 – 17.

[147] Loo B P Y, Chen C, Chan E T H. Rail-based Transit-oriented Development: Lessons from New York City and Hong Kong [J]. Landscape and Urban Planning, 2010, 97: 202 – 212.

[148] LTA. Passenger Transport Mode Shares in World Cities [EB/OL]. http: // ltaacademy. gov. sg/doc/J11Nov-p60PassengerTransportModeSHares. pdf.

[149] Maleronka C, Domingos P. Consultancy Work for Preparing a Guidebook on "Developing Incentive" —Based Land Value Capture Mechanism for Transit in Developing Countries: Sao Paulo Case Report [R]. Washington DC: World Bank, 2013.

[150] Marks L. The Evolving Use of TIF [J]. Review, 2005, 8 (1): 1 – 2.

[151] Mass Transit Railway Corporation Limited (MTRCL). Growth in Motion: Annual Report 2011 [DB/OL]. http: //www. mtr. com. hk/eng/invest-relation/2011frpt_e/EMTRAR2011F. pdf, 2011.

[152] Mathur S. Do Impact Fees Raise the Price of Existing Housing? [J]. Housing Policy Debate, 2007, 18 (4): 635 – 659.

[153] Mattsson H. Site leasehold on Sweden: A tool to capture land value [A]. S. C. Bourassa Y. -H. Hong. Leasing public land: Policy debates and international experiences [C]. Cambridge, MA: Lincoln Institute of Land Policy, 2003.

[154] McCabe B. Special-District Formation Among the States [J]. State and Local Government Review, 2000, 32: 121 – 131.

[155] McIntosh J R, Newman P, Trubka R, Kenworthy J. Framework for Land Value Capture from Investments in Transit in Car-Dependent Cities [J]. Journal of Transport and Land Use: Forthcoming papers, 2015.

[156] Meisner L J, Firtell L. Private Funding for Roads. Planning Advisory Service Report No. 426 [R]. Chicago, IL: American Planning Association, 1990.

[157] Mulley, Corinne Hakim, Md Mahbubul. Determinants of bus rapid transit (BRT) system revenue and effectiveness-A global benchmarking exercise [J]. Transportation Research Part A: Policy and Practice, 2017 (106): 75 – 88.

[158] Mulley C, Tsai C H, Hayashi Y. When and how much does new transport infrastructure add to property values? Evidence from the bus rapid transit system in Sydney, Australia [J]. Transport Policy, 2016 (51): 15 – 23.

[159] Nelson A C, Bowles L K, Juergensmeyer, J. C., Nicholas, J. C. A Guide to Impact Fees and Housing Affordability [M]. Washington, DC: Island Press, 2008.

[160] Nelson A C, Nicholas J C, Juergensmeyer J C. Impact Fees: Principles and Practice of Proportionate-Share Development Fees [R]. Chicago, IL American Planning Association, 2009.

[161] Nygaard. Stranded at the Station: The Impact of the Financial Crisis in Public Transportation [R]. Washington, DC: Transportation for America, 2009.

[162] Paetsch J, Dahlstrom R. Tax Increment Financing: What It Is and How It Works [A] R. Bingham, E. Hill and S. B. White. Financing Economic Development: An Institutional Response [C]. Newbury Park, CA: Sage, 1990.

［163］Pan Q. The Impacts of an Urban Light Rail System on Residential Property Values: A Case Study of the Houston Metrorail Transit Line ［J］. Transportation Planning and Technology, 2012, 36 (2): 145－169.

［164］PB Consult. New York Avenue-Florida Avenue-Galluadet University Metro Station: A Case Study ［R/OL］. http: //www. transportationPDF-finance. org/ …/New_York_Avenue_Case_Study. pdf.

［165］Peterson, George E. Unlocking Land Values to Finance Urban Infrastructure. ［R］Washington, DC: World Bank and Public-Private Infrastructure Advisory Facility, 2009.

［166］Peters R. The Politics of Enacting State Legislation to Enable Local Impact Fees: The Pennsylvania Story ［J］. Journal of the American Planning Association, 1994, 60 (1): 61－69.

［167］Pigou, Art hur C. The Economics of Welfare ［M］. London: Macmillan and Co. , 1932: 13－14.

［168］Porter D, Lin B, Peiser R. Special Districts: A Useful Technique for Financing Infrastructure ［J］. Financing, 1992.

［169］Portland Streetcar Inc. (PSI). Portland Streetcar Capital and Operations Funding ［DB/OL］. http: //www. portlandstreetcar. org/pdf, 2010.

［170］Renard V. Property Rights and the Transfer of Development Rights: Questions of Efficiency and Equity ［J］. Town Planning Review, 2007, 78 (1): 4160.

［171］Rithmire Meg L. Politics and Local State Capacities: The Political Economy of Urban Change in China ［J］. The China Quarterly, 2013 (4): 872－985.

［172］Rosen S. Hedonic Prices and Implicit Markets: Product Differentiation in Pure Competition ［J］. Journal of Political Economy, 1974, 82 (1): 34－55.

［173］Rueben K, Rosenberg C. State and Local Government Revenues ［DB/OL］. http: //www. taxpolicycenter. org/UploadedPDF/1001173_state_local. pdf, 2008.

[174] Salon D, Shewmake S. Opportunities for Value Capture to Fund Public Transport: A Comprehensive Review of the Literature with a Focus on East Asia [J]. Social Science Electronic Publishing, 2012.

[175] Sandroni P. A New Financial Instrument of Value Capture in São Paulo: Certificates of Additional Construction Potential [A]. G. K. Ingram and Y. Hong. Municipal Revenues and Land Policies [C]. Cambridge, MA: Lincoln Institute of Land Policy, 2009.

[176] Scheurer J. Benchmarking Accessibility and Public Transport Network Performance in Copenhagen and Perth [J]. Australasian Transport Research, 2010.

[177] Shishir Mathur. Financing Community Facilities: A Case Study of the Parks and Recreational General Obligation Bond Measure of San Jose, California [J]. Theoretical and Empirical Researches in Urban Management, 2009, 2 (11): 34 - 49.

[178] Sherry, Ryan. Property Values and Transportation Facilities: Finding the Transportation Land use Connection [J]. Journal of Planning Literature, 1999 (4): 412 - 427.

[179] Shihe Fu. What Has Been Capitalized Into Property Values: Human Capital, Social Capital, or Cultural Capital? Working papers from U. S. Census Bureau [R]. Boston: Boston College, 2005.

[180] Smith G C. Use of Fees or Alternatives to Fund Transit. [M] Washington, DC: Transportation Research Board, 2008.

[181] Smoke, Paul. Fiscal Decentralization and Land Policies [M]. Cambridge, MA: Lincoln Institute of Land Policy, 2008: 18.

[182] Snyder T, Stegman M. Paying for Growth: Using Development Fees to Finance Infrastructure [J]. Case Studies, 1986.

[183] Steelw F. Module 5: Introduction to Multilevel Modelling. LEMMA VLE, Ventre for Multilevel Modelling, 2008 [M/OL]. http://www.cmm.bris.ac.uk.

[184] Suzuki M, Dastur A, Moffatt S, Yabuki N. Eco^2 Cities: Ecological Cit-

ies as Economic Cities [R]. Washington, DC: The World Bank, 2009.

[185] Tang B S, Chiang Y H, Baldwin A N, Yeung C W. Study of the Integrated Rail-Property Development Model in Hong Kong [R]. Hong Kong: Hong Kong Polytechnic University, 2004.

[186] Tax Policy Centre. Local Property Taxes as a Percentage of Local Tax Revenue [DB/OL]. http://www.taxpolicycenter.org/taxfacts/Content/PDF/dqs_table_84.pdf, 2010.

[187] Thompson S, Maginn P. Planning Australia: An Overview of Urban and Regional Planning [M]. Cambridge, UK: Cambridge University Press, 2012.

[188] Tischler P. Introduction to Infrastructure Financing. International City/County Management Association (ICMA) IQ Service Report 31 (3) [R]. Washington, DC: ICMA, 1999.

[189] United States Department of Housing and Urban Development (HUD). Transfer of Development Rights and Affordable [J]. Breakthroughs, 2009, 18 (5): 47 – 58.

[190] Wardrip K. Public Transit's Impact on Housing Costs: A Review of the Literature [R]. Center for Housing policy, 2011.

[191] Washington Metropolitan Transit Authority (WMATA). Railfanning, Railroad Profiles [DB/OL]. http://railfanning.org/profiles/metro.htm

[192] William Alonso. Location and Land Use [M]. Massachusetts: Harvard University Press, 1964.

[193] WMATA. Metro's New York Ave-Florida Ave-Gallaudet U Metrorail Station Opens Today on the Red Line [EB/OL]. http://www.wmata.com/about_metro/news/PressReleaseDetail.cfm?ReleaseID=3182.

[194] XinYu Cao, Dean Porter-Nelson. Real estate development in anticipation of Green Line light rail transit in St. Paul [J]. Transport Policy, 2016 (1): 1 – 9.

[195] Yiming W, Dimitris P, Scott O, Yi G. Bus stop, property price and land value tax: A multilevel hedonic analysis with quantile calibration [J]. Land

use policy, 2015 (42): 381 - 391.

[196] Zhang M, Meng X, Wang L, Xu T. Transit Development Shaping Urbanization: Evidence from the Housing Market in Beijing [J]. Habitat International, 2014, 44 (3): 545 - 554.

[197] Zhao Z J, Das K V, Larson K. Joint development as a value capture strategy for public transit finance [J]. Journal of Transport and Land Use, 2012 (1): 5 - 17.

[198] Zheng C. Financing new metros—The Beijing metro financing sustainability study [J]. Transport Policy 2014 (32): 148 - 150.